LA CLARTÉ RELATIONNELLE

Le guide pour une vie excitendre

Jacques Dechance

Le Souffle d'Or
BP 3 - Barret-sur-Méouge

Une collection de guides "entraîneur de vie"

1. **Oser décider.** Guide pour construire un quotidien bonheur (septembre 2001).
2. **La clarté relationnelle.** Guide pour une vie excitendre.

Prochains thèmes :

3. **Soyez assez fous pour créer !** Guide de l'intelligence créatrice (Offrez-vous une re-création).
4. **La merveilleuse sagesse de l'Être.** Guide de l'élan spirituel.
5. **Efficacité et humanisme.** Guide de l'entreprise.
6. **L'entraidement au quotidien.** Guide des rappels à l'essentiel.
7. **Accompagner la vie.** Guide de la croissance et de l'autonomie.
8. **S'impliquer au service du monde.** Guide du "geste" social, citoyen, entreprenarial et humanitaire.
9. **Petites naissances pour une belle mort.** Guide du grand passage vers le mystère.
10. **À VENIR...**

Couverture : Marie Loiseau
Mise en page : A'Prim / Serres (05)
Impression : Lienhart / Aubenas (07)

Dépôt légal février 2002
ISBN 0 84058 207 4

Éditions Le Souffle d'Or
BP 3 - Barret-sur-Méouge

SOMMAIRE

L'ensemble des photos intérieures ont été prises par l'auteur sauf "le dauphin" photographié par "Donald", compagnon d'une aventure vécue dans le Golfe du Mexique avec les Dauphins.

PRÉFACE

... de Jacques Salomé
Psychosociologue

Jacques Dechance développe dans cet ouvrage des idées, des propositions et des thèmes qui sont précieux à mon cœur, car ils sont à la fois proches et innovants de l'approche que j'enseigne depuis trente ans, la méthode E.S.P.E.R.E. Je souhaite que ce livre puisse trouver l'écho qu'il mérite, auprès des hommes et des femmes engagés dans un processus de changement et de développement personnel, soucieux de se respecter et de s'ouvrir à des relations plus vraies avec eux-mêmes et avec autrui.

L'accès à une meilleure relation avec soi, avec ses proches, débouche toujours sur un changement ouvrant à plus de créativité et d'amour ; toutes ces démarches semblent être au centre des préoccupations de beaucoup de personnes, qui comme l'auteur nous le rappelle «veulent progresser concrètement, à leur rythme, avec leur compétence propre, en se sentant entièrement responsable de leur cheminement...».

Le changement personnel, s'il est au début tourné vers soi, pour une meilleure compréhension de ses conduites et comportements s'ouvre toujours par la suite aux autres, pour mieux se relier à eux.

Toute démarche d'évolution intime, centrée, ne peut rester égocentrique, elle devient allocentriste, c'est-à-dire tournée vers le meilleur de l'autre. Et chaque page de ce livre, chaque exercice, chaque reliance avec d'autres approches nous renvoient à ce double mouvement.

Aller à la recherche de sa vérité profonde, y compris pour en découvrir les limites et les excès, c'est accepter de devenir un agent de changement pour soi et pour son entourage.

Les balises très concrètes, je devrais même dire opérationnelles, qui sont offertes par le travail de Jacques Dechance sont stimulantes, elles jalonnent un chemin où les pièges de l'autosatisfaction sont nombreux, où les malentendus et les impasses liés à une complaisance narcissique ne sont pas rares. J'ai aimé ses formulations simples, directes, pleines d'humour et de tendresse, accessibles à chacun, car inscrites dans un vécu proche du quotidien. Au-delà, j'ai aussi entendu tout le travail en profondeur de réflexion, d'analyse, de mise en forme qu'a pu faire ce thérapeute et formateur en relations humaines, doué d'une sensibilité rare, joyeuse et pertinente.

Ce livre est une invitation à se réconcilier avec tous nos possibles, en acceptant non seulement de les découvrir, mais aussi de les réveiller, de les mettre en œuvre en les agrandissant dans les rires et les abandons d'une relation vivante et créatrice.

Si j'avais un sous-titre à donner, je nommerais ce livre : Manuel bienveillant et dynamisant pour développer l'attention à soi-même et aux autres.

Jacques Salomé

À toutes les relations qui ont éveillé mon Attention.
À Martine, "por ser una maravillosa mujer llena de amor"
Rendons grâce au Passé.
Imaginons le Futur...

PRÉSENTATION

Tous les événements, qui se produisent sur notre planète en ce début de 21e siècle, doivent nous inciter à entrer dans l'urgence et le devoir de maturité relationnelle. La révolution intérieure doit précéder l'action extérieure pour ne plus perpétuer le cercle vicieux de la violence et de la vengeance. En ce sens, "la clarté relationnelle" en est une pierre fondamentale. Être clair avec soi-même, et donc avec l'autre, c'est poser les bases d'une compréhension, d'une tolérance, voire d'un amour qui pourront mieux désarmer les situations difficiles plutôt que tout autre outil de réaction. Cet ouvrage peut vous donner le courage de mettre en œuvre ce que vous pressentiez déjà au fond de vous-même.

Une étude de l'INSEE effectuée auprès de 6000 ménages est formelle : entre 1983 et 1997, les échanges directs avec les autres (hors téléphone) sont en chute libre. Que ce soit avec les commerçants, entre voisins, au bureau et même au sein de la famille, le silence ou un verbiage privé de sens et de chaleur sont en train de coloniser l'esprit de la relation. Les vrais échanges entre amis ont baissé de 17%, alors que ceux effectués sur Internet augmentent régulièrement. Il y a encore 15 ans, les personnes allaient au contact et libéraient ainsi leur parole. Corollaire évident : les thérapies fleurissent et les associations d'écoute, les stages de communication et les cafés-philo n'ont jamais eu autant d'adeptes.

Retrouver le sens de la relation, le goût du contact, est source de santé physique et psychique. C'est aussi un élément fort de toute spiritualité vécue et incarnée.

Le souci dominant de toutes les forces politiques confondues est aujourd'hui le problème de la violence... dans une société industrialisée et "en paix". Les jeunes sont en manque de dialogue constructif et de réelle compréhension des vrais besoins. D'un autre côté, le manque de clarté des règles et la non-éducation au respect viennent renforcer les agissements "blessants".

Un groupe de jeunes s'exprimait d'ailleurs ainsi récemment : *"au lieu de voter simplement des crédits pour refaire notre cité, demandez-nous, à nous, de la refaire. C'est notre cité, on la connaît et on a besoin de s'occuper ! Si c'est nous qui la remettons en état, nous vous assurons qu'on veillera à ce que personne ne la dégrade. Mais personne ne nous a parlé de rien... et ils croient que 'leur' décision suffit pour faire baisser les violences ici ?".* Neuf fois sur dix, le manque de compréhension, de tolérance, de respect, de bonne gestion d'un conflit, voire de compassion, sont la source de la plupart des drames quotidiens.

Le couple n'y échappe pas avec son "terrorisme" relationnel fréquent qui rebondit sur les enfants. Eux-mêmes transportent ces contenus sur leurs petites épaules à l'école et les font se transformer en bourreaux ou en victimes dans leurs jeux. Ces jeux qui forment le devenir du futur adulte. Ce cercle infernal, il est urgent de le voir profondément. Il est surtout important d'arrêter de tourner "autour du pot" à titre individuel et de placer en priorité l'amour au centre de la vie. Mais ce mot, qui ne reste qu'un concept ou un mystère pour beaucoup d'entre nous, doit humblement s'incarner dans toutes nos manières d'être là, en présence de l'autre. En ce sens, l'entraînement concret auquel vous invite l'entraîneur de vie, tout au long de ce guide, est essentiel. Il pose les bases d'une attention partagée dans la relation pour être enfin plus clair. Cette clarté est source d'ajustements mutuels pour se comprendre et certainement s'aimer concrètement.

N'est-ce pas là une priorité de vie ? Tout, autour de nous, crie l'urgence. Tous les événements terroristes, qui sont la face visible de ce que nous portons plus ou moins dans nos façons d'être en relation, sont porteurs de ce message. Selon la fameuse "étude Shell" le trait dominant de la génération 2000 est un "pragmatisme sans état d'âme" ! Redonner un peu d'âme à notre relation à la vie, aux autres... voilà déjà l'orientation concrète à laquelle nous pouvons nous inviter.

Certains ouvrages débutent par : *"Ce qui est écrit dans ce livre ne concerne pas la vie personnelle de l'auteur, mais..."*. Avec le recul d'une vingtaine d'années de vie relationnelle de plus en plus consciente et responsable, les contenus qui vont suivre sont totalement en cohérence avec ce que je vis ou tente d'approcher un peu plus chaque jour. Ce n'est pas là une voie de rigidité, mais bien au contraire une pleine et entière attention qui est source de paix et de joie. J'ai la sensation profonde d'être aimant et d'être aimé... après être passé par des expériences de vie où la souffrance n'a pris son sens qu'au fil d'un travail passionnant. Mes rencontres, plusieurs mariages, l'éducation d'un enfant qui a été mon beau-fils, l'accueil à temps complet de trois enfants de la DDASS, l'accompagnement de groupes de développement personnel ou le travail thérapeutique individuel, m'ont aiguisé aux problématiques posées par la relation durant ces vingt années. Chaque jour était un jour "relationnel" nouveau et inconnu.

Ce que j'ai écrit dans ce guide est le fruit de ce frottement continu à la vie.

Cette collection se présente comme un "entraîneur de vie" qui vous invitera à progresser concrètement, à votre mesure, dans ce qui est de votre capacité et responsabilité personnelles.

Entendons-nous : au-delà d'un certain seuil de souffrance, seul un accompagnement pertinent vous permettra de vous clarifier.

Mais il faut bien regarder en face tout cet espace qui nous est offert pour exercer seul, avec les autres et avec la vie tout simplement notre liberté d'être, d'aimer et d'évoluer. Cette collection vise à stimuler la mise en action de choses que vous saviez sans doute déjà ou que vous remettiez à plus tard. C'est peut-être le moment pour vous de mettre du "cœur à l'ouvrage" !

Le premier guide[1] était centré sur l'urgence d'un quotidien-bonheur et la capacité à oser... pour changer.

Entrer en relation de manière plus claire est la proposition de ce nouveau guide très engageant. Vous pourrez ainsi vous ouvrir à l'expression de votre créativité, voire de votre création dans la vie, grâce au troisième guide qui sera une étape joyeuse et inventive. Dans le quatrième guide, nous pourrons entrer dans la merveilleuse sagesse de l'être, au-delà du quotidien ou du psychologique, pour passer ensemble dans d'autres profondeurs. D'autres explorations "humaines" suivront ; je vous les présenterai au cours des prochains guides.

La plus noble des œuvres à explorer n'est-elle pas le "mystère humain" ? Alors, entrons dans le livre...

---

1. Oser décider, *paru en septembre 2001, éd. Le Souffle d'Or.*

Personne ne détient *la* Vérité.
Chacun *en* délivre *une* partie.
Ceci est *un* simple miroir.
Je t'invite-là, lecteur attentif,
à voir briller l'éclat d'un Sens
pour OSER TA VÉRITÉ.

Chapitre 1.

"De l'air, de la lumière, un son clair aux mots, des gens sans masque et grandeur nature, voilà ce qui apparaîtra après l'orage... pour que se vive un peu de vérité et de fraternité."

Yves Prigent

LA RENCONTRE SANS MASQUE

Le sens de l'observation développe l'attention qui est la qualité première de la relation.

"Ce que je suis parle toujours plus fort que ce que je dis !". À discours égal et à contenu similaire, c'est bien ce qu'est la personne, exprimé par ses comportements, qui va "toucher" l'interlocuteur. **80% de la relation est non verbale !** En ce sens, une immense partie de ce que "je suis" m'échappe, si je ne développe pas une attention particulière au corps et à l'émotion. Depuis une vingtaine d'années, des laboratoires de communication non verbale ont vu le jour. Des procédures ainsi que des protocoles de plus en plus fiables scientifiquement ont permis de démontrer que notre fameuse spontanéité... n'était que la somme de nos conditionnements et de nos habitudes. Nous nous croyons libres et naturels, alors que nous sommes joués et inconscients de ce que nous transmettons réellement.

Je me souviens de cet agent SNCF qui se postait systématiquement au bout du quai pour "attendre le client". En séance de formation, cette personne avait fortement réagi lorsque nous décodions les attitudes non verbales, tel l'accueil avec les mains sur les hanches. En se voyant remettre en cause après trente ans de métier, sa réponse fut cinglante : "*Tout ça, c'est des c...ries, ce n'est pas cela qui va influencer mes clients !*". Cet agent, par ailleurs très sympathique, fut sidéré de constater après observation, que les clients s'écartaient systématiquement de lui pour demander les renseignements à un autre collègue. Son comportement de défi, alors qu'il exprimait les bons mots et qu'il était prêt à informer, dominait la situation et la perturbait. Cet homme spontané a appris depuis à redevenir... naturel !, c'est-à-dire plus proche de sa nature non conditionnée, plus libre de ses actes, plus ajusté dans ses relations. C'est d'une attention détendue dont je vous parle et non pas d'une surveillance.

L'entraîneur de vie va vous éveiller à cette attention :

Se rencontrer c'est exister
et faire exister l'autre.
Tu ne peux pas tricher longtemps
avec le corps.
Bas les masques !
Sois cohérent pour être crédible.
Rencontrer et quitter seront tes premiers repères
pour ajuster tes relations.

1re attention relationnelle :
LA RENCONTRE

Votre premier sas d'entrée en relation est un rituel qui mérite toute votre présence. Ce premier moment de prise de contact va déterminer la qualité de tout ce qui va se produire ensuite, que ce soit un salut, une bise, une poignée de main ou tout autre rituel culturel. Les grandes théories de la relation ne pourront échapper à cette confrontation directe et première avec l'autre.

C'est dans un contact réconcilié, dans le corps et dans l'émotion, que la parole juste sera assumée :

1. **Occupez-vous de votre bout de la relation et laissez l'autre libre d'être ce qu'il est**. Prenez conscience de votre niveau d'absence dans la rencontre : est-ce qu'un côté de votre corps se dérobe ? Est-ce que votre regard s'échappe ? Est-ce que votre voix est "ailleurs" ? Ou, au contraire, êtes-vous installé dans une attitude dominante, le regard pénétrant et votre main écrasant celle de l'autre ? Si vous voyez cela profondément et que vous désirez vous libérer de ce qui vous joue à ce moment-là, alors entraînez-vous aux situations suivantes !
2. **Osez vous exposer à la relation !** Ouvrez votre respiration, votre poitrine, en vous appuyant sur le bas du corps bien ancré et en face de l'autre. Desserrez les mâchoires, acceptez le regard de l'autre de manière réceptive. Partez du principe qu'**à long terme le jeu gagnant est l'ouverture** a priori... au risque de... !
3. **Prenez contact et exercez-vous au "tonus juste".** L'excès ou le déficit de tonus dans les fibres musculaires indique votre état d'être. Trop tendu, vous "serrez la pince" à l'autre sans ren-

contrer la paume, "le cœur" de la personne. Ce manque de chaleur coupe le sang et vous remarquerez que les phalanges deviendront blanches. La vie se retire concrètement de la relation ! Les yeux se fixent musculairement et se durcissent pendant que les mâchoires se contractent... Cet "hyper tonus" n'est que le reflet du côté "animal" dominant, mais bien sûr vous n'êtes pas que cela ! Lâchez prise dans votre main et le sang recirculera, détendez vos mâchoires et soyez attentif au son de ce que vous aviez à dire. Vous engagez alors, de votre côté de la relation, une possibilité optimale de rencontre.

4. **Et si l'autre est systématiquement dominant ?** Faites l'expérience de relâcher vous-même la pression au lieu de surenchérir, vous désarmerez votre adversaire qui est dans l'inconscience du geste. Si cela se répète, prenez l'initiative de lui dire : *"Ce matin, j'ai très envie de te dire vraiment bonjour"* et de replacer avec vos deux mains la sienne bien en contact tout en le regardant sincèrement et chaleureusement. À ce moment précis, il va réagir, du style : *"Arrête tes balivernes, tu as encore appris ça dans tes stages !".* Restez alors tranquille car une personne interpellée est quelqu'un de "touché"... c'est gagné ! N'ayez plus peur d'une re-action, c'est tout simplement le signe que vous avez réveillé quelque chose chez l'autre. Ce sera peut-être deux heures ou trois jours après que cette personne aura entendu... peu importe, l'essentiel, c'est le courage d'être soi-même tout en respectant les autres.

   Restez calme et centré pour répondre simplement : *"Je me sens souvent écrasé par ta façon de me saluer et j'avais simplement envie d'une vraie rencontre aujourd'hui".* Assumez votre message et laissez l'autre continuer à réagir avant que cela commence à le travailler... peut-être !?

La relation est toujours un risque à courir mais le plus grand risque pour vous est la loi du silence.

Sais-tu ce qu'il y a de plus puissant que le pouvoir ? C'est la chaleur humaine ! C'est une valeur sûre à long terme et chaque occasion est la meilleure des occasions pour t'y exercer.

2e attention relationnelle : **QUITTER L'AUTRE**

Le sas de sortie est également un rituel essentiel. Vous touchez ici à des besoins qui sont fondamentaux chez tout être humain. Sachez que tous les psychologues sont d'accord sur ce point : la manière dont vous quittez vos proches le matin va déterminer comment vous les retrouverez le soir. Tout comme la façon dont vous vous séparez d'un collaborateur déterminera la qualité d'accueil le lendemain. Pour cela :

1. **Prenez le temps** de reconquérir ce moment déterminant pour respecter l'autre... Cela peut parfois avoir des impacts insoupçonnés. Je me souviens avoir échappé à 40 jours de prison à l'armée car l'amiral s'était rappelé, alors que j'arrivais dans son bureau, que j'étais le seul à lui dire vraiment bonjour et au revoir, lorsqu'il venait à la piscine ! Je m'attendais à tout sauf à ça ! Le plus important est que nous sommes restés une heure à échanger sur un mode de franchise qui me surprit agréablement. Le point de départ de cette relation était pourtant si simple et évident ! Prenez donc le temps de l'au revoir.
2. **Soyez généreux en gestes et paroles de reconnaissance** qui permettent à l'être humain de construire son identité, d'exister aux regards des

autres. À travers les audits comportementaux, en entreprise, arrive toujours en tête la petite phrase : *"Mais bon sang ! qu'il me dise enfin bonjour ou au-revoir, j'existe quand même !".* Il ne s'agit pas là du geste démagogique (qui tue la relation) mais bien au contraire le fait d'être vrai, parce que vous avez compris profondément le sens de cet acte. Soyez sincère car il y a maintes occasions d'apprécier des échanges de paroles agréables avec les autres, osez dire simplement la vérité : *"Je voulais juste te dire que je suis d'accord avec toi par rapport à ce qui s'est passé cet après-midi, là tu as été super... pour moi c'était important !"* ou encore : *"On a réussi... mais j'ai surtout remarqué ta façon d'être attentif aux autres pendant l'action, bravo ! J'avais juste envie de te le dire".* **La reconnaissance et la valorisation touchent en profondeur**... à condition de ne pas tricher avec. Plus vous dépasserez la fausse pudeur ou la démagogie, plus vous serez heureux d'exprimer des sentiments positifs et constructifs au service de la relation et d'autant mieux vous vous sentirez au fond de vous-même. Je vous propose de regarder chaque soir, pendant trois mois, combien de signes de reconnaissance vous avez donné dans la journée avec sincérité. Ce sera sans doute bien pauvre au début, mais petit à petit vous allez enrichir votre vie d'un véritable trésor relationnel ! Ces deux attentions relationnelles (lors de la rencontre et la manière de quitter l'autre), proposées par l'entraîneur de vie, concernent le développement d'une valeur essentielle : le respect.

Le respect est préalable à l'amour. Il est la grande clé aux problèmes actuels de violence et de discrimination. Apprendre à se connaître est un cap essentiel pour se réapproprier encore plus consciemment les gestes et les paroles du quotidien et leurs donner de la densité, de la présence. C'est une exigence salutaire pour toute l'humanité.

Quelle nouvelle attention relationnelle
vas-tu concrètement retenir
de cette première étape ?

Ma nouvelle attention :

Concrètement, cela va se traduire comment ?

3e attention relationnelle :
SE CONNAITRE SOI-MÊME

Vous avez vu précédemment qu'il ne fallait pas vous fier au spontané. Une multitude de messages viennent informer le cerveau de votre interlocuteur au-delà de ce que vous dites. Il est temps pour vous d'apprendre l'alphabet de ce langage qui nous joue des tours bien souvent au quotidien ! Nous nous appuierons en partie sur les travaux effectués par la synergologie[1], science des signes psychocorporels, pour s'entraîner à "voir" plus clair dans les 80% de la relation "hors masque".

La première fois que le geste a précédé la parole, c'est lorsque, tout congestionné, le petit humain s'est cabré pour pousser son premier cri. Le ton fut donné ! À partir de cet instant, le geste précèdera toujours la parole et révèlera ce que le cerveau pense et ne dit pas. À chaque fois qu'une émotion vous traverse, votre corps est interpellé et la signale. Que ce soit "glacé d'effroi" (j'ai tellement froid !) ou saisi par la chair de poule dans une situation tragique, vous tra-

1. La synergologie – *Philippe Turchet, Editions de l'homme.*

duisez corporellement, visuellement et instantanément une vérité intérieure qu'un discours contradictoire *("Non, tout va bien !")* aura du mal à convaincre ! Vous clignez des paupières à chaque fois qu'une idée nouvelle vous traverse ! Philippe Turchet explique que : *"Nos gestes sont le braille de nos pensées, leurs expressions. Ils sont la soupape des émotions que les situations interdisent de traduire verbalement et qui sont pourtant nées avec forces impulsions électriques et chimiques dans notre cerveau. La pensée réprimée est ainsi lisible sur le corps, grâce à lui"*. Ceci est essentiel pour bien comprendre comment, à partir de stratégies acquises (éducation, cadres sociaux et culturels), vous êtes en proie à des contradictions humaines souvent nécessaires pour la survie sociale. Mais tellement "fatigantes" quand le jeu est permanent et que votre cohérence, votre intégrité en souffrent. **Pris dans la contradiction entre vos désirs et la réalité**, vous avez le choix entre le mensonge envers vous-même et celui envers les autres, ceci vous entraînant de toute manière dans la mauvaise foi... ou voie ! Votre outil est le travestissement, en effet vous avez appris à déguiser les trois grandes qualités exemplaires du bébé (ou de l'être humain libre) : la sincérité, le spontané et le naturel... pour devenir plus efficace et adapté. C'est ni mal, ni bien mais simplement un fait. À chacun, s'il le désire, de retrouver de la lucidité sur son automanipulation. C'est dans cette attention que vous pourrez redécouvrir ce que j'appelle la CLARTÉ RELATIONNELLE.

Nous sommes la seule espèce à mentir naturellement dans une société qui prône autant les valeurs morales et qui est organisée autour d'énormes mensonges sans lesquels l'édifice social s'écroulerait. **La sur-valorisation**, par exemple, **vous force à jongler entre l'honnêteté et l'objectif de réussite** imposé qui vous oblige à faire croire sans cesse que vous valez mieux et plus que ce que vous n'êtes réellement. Que ce soit dans les entretiens d'embauche, dans les réunions, dans la plupart des familles, le jeu est de comparer, évaluer, parfois pousser... à bout tant il faut coller à ce qui est l'essence du système social : pour réussir "*sois fort* !", "*sois meilleur !*".

Gregory Bateson, auteur de *Vers une écologie de l'esprit*, fait remarquer que la société balinaise traditionnelle ne connaît pas le mensonge car elle n'est pas fondée sur l'individualisme et la réussite sociale.

Harvey et Cynthia Katz, deux sociologues américains ont quant à eux découvert le "complexe de l'imposteur" : "*Plus un homme accède à une position importante dans la hiérarchie sociale et plus il est angoissé parce qu'il estime occuper un poste qu'il ne mérite pas !*". Votre santé paie souvent cher ces mensonges, le corps est une limite salutaire pour votre équilibre psychique, soyez un peu plus à son écoute pour rester dans votre vérité. La sur-valorisation est comme le body building, cela vous permet "la gonflette" du petit moi ! Ceci dit, loin de moi l'idée de rejeter totalement le mensonge puisqu'il fait loi désormais et que vous auriez bien du mal à vous en passer sauf si vous vous retranchiez socialement.

La vie est un équilibre lucide, tendre et excitant, où vous pouvez exercer votre liberté au sein même de vos contradictions. Seule l'évolution de votre conscience personnelle et collective vous éveillera à devenir plus vivant et plus aimant.

Autre masque relationnel : **le mensonge d'acquiescement** qui porte également le label de consécration sociale. Cela consiste à ne jamais contredire votre vis-à-vis, s'il vous semble que la qualité des rapports pourrait en souffrir, "le jeu n'en vaut pas la chandelle !", cela se produit à chaque fois que la stabilité de la situation est préférable à sa modification. Souvenez-vous encore... de ce moment précis où l'un de vos invités s'est lancé dans des propos racistes tout à fait déplacés ! Vous avez peut-être souri (masque du gentil), voire acquiescé poliment pour changer rapidement de sujet. Ce mensonge de lâcheté est terrible mais adapté à notre formatage social. Et si vous êtes pris en flagrant délit, vous saurez vous défendre avec une logique irréfutable ! Et vos proches vous l'excuseront, l'expliqueront... pour maintenir la cohésion de la situation. L'hypocrisie est la reine de nos réceptions ! La vérité et l'honnêteté nous mettent en marge.

Le dernier masque admis : **le mensonge par omission** participe également à votre "permis d'exister". Souvenez-vous, vous racontez fièrement votre dernière aventure mais vous omettez de dire la petite anecdote où vous vous trouviez en difficulté. Vous ne mentez pas, vous omettez seulement de dire vraiment ce qui s'est passé ! L'oubli d'un élément d'explication fait que la réalité des choses est dénaturée et que la vérité est perdue en chemin. La dernière honnêteté voudrait au moins que vous soyez plus conscient pour assumer les contrefaçons en avançant courageusement sur cette voie de la clarté relationnelle.

Alors que deviennent ces notions de spontanéité et de naturel ? "*Si l'homme civilisé ne pouvait donc plus être sincère, il pouvait, à tout prendre, être spontané et nous laisser croire qu'avec la fraîcheur de la spontanéité, une certaine vérité des rapports humains n'était pas hors de portée, mais,* nous explique Philippe Turchet[1], *l'éducation détourne l'homme de ses sentiments*". L'homme sensible est fragile ! Pas d'état d'âme dans les décisions importantes ! Rire, bailler, pleurer sont déplacés, vous n'êtes plus "présentable". Les masques admis sont le sourire, la froideur, le contrôle... jusqu'à se faire injecter certaines substances qui figent le visage pour éviter que les rides (si importantes à notre expression) vous trahissent en tant que personne ! Vous apprenez à vous "habiller" puis

---

1. Créateur de la synergologie.

à cacher votre "vie privée" (privée de quoi, de qui ?). Enfin vous vous enfermez dans votre fort intérieur, créant ainsi de bons bourreaux qui retiennent les sentiments... la spontanéité. *"Ça, ça ne se fait pas ! Ça ne se dit pas !..."*, le langage étant le terrain de l'infidélité à la vérité, il est normal de cacher ce que vous éprouvez. Menteur par devoir, méfiant par rigidité, pouvez-vous encore naturellement et librement entrer en relation ? Il semble que là aussi le naturel soit obscurci par un dernier dilemme : nos a priori ! Lors de votre dernière rencontre... avez-vous accueilli l'autre totalement ouvert, vierge de pensées, chaleureux ? Ou bien déjà étiez-vous sur le qui-vive, projetant sur votre vis-à-vis quelques préjugés du style : *"Tiens, il est bizarre, mon Dieu, quelle coupe de cheveux... C'est affreux, c'est pas une personne de confiance... D'ailleurs dans cette famille il y a toujours eu des histoires..."*

Un constat, une projection, un jugement et enfin une généralisation... voilà le cycle infernal des a priori qui empêchent d'être naturels. Ils permettent par contre, comme toujours, de maintenir la stabilité de votre confort, de vous rassurer et de vous justifier. Ils vous empêchent d'être vrais dans vos relations.

Au-delà de tous ces conditionnements se trouve en nous un être libre qui tente à chaque instant de surgir en vérité par toutes les possibilités du corps. Comme les lapsus de Freud, qui ne font qu'exprimer les désirs profonds à chaque perte de contrôle, **le langage non verbal du corps devient le sous-titrage des paroles**. Il peut parfois consciemment renforcer vos messages. Il tend cependant à contredire vos comportements dans la plupart des cas pour laisser échapper la vérité intérieure. C'est l'antidote du mensonge. Au fond, à chaque fois que vous travestissez la réalité de votre vécu, vous n'êtes pas complètement à l'aise.

Le langage relationnel transmet la partie authentique de vous-même par :

- La gestuelle et l'image (60% de la communication)
- Le son de la voix (30% de la communication)
- Le verbal (10% de la communication)
- La façon d'être là présent dans la relation (100% !)

Ce que tu es parle si fort
que je n'entends plus ce que tu dis !
Apprends à observer derrière le prisme
déformant de l'acquis et dévoile
ton vrai message.
L'authenticité est une cohérence.

4e attention relationnelle : **LA TRAVERSÉE DES MASQUES**

Vous êtes en face d'une personne, c'est sans doute l'acte le plus impliquant dans la vie car tout est possible à ce moment-là. Votre organisme n'est pas dupe et met en jeu par l'intermédiaire du système nerveux une multitude de signaux. Pouvoir rester en face de quelqu'un en étant totalement soi-même et en permettant à l'autre d'être vraiment lui-même, demeurera peut-être une utopie mais devenir plus conscient du jeu dans lequel vous vous embarquez mutuellement est un signe de maturité.

1re étape : **Êtes-vous dans une relation oppressante ou qui respire** ? Soyez sensible à cet endroit particulier, à cette perception précise où vous remarquez que vous commencez à vous nier. Vous sentez une gêne ? Votre respiration se réduit ? Alors vous êtes sous influence !

Je fais systématiquement cette expérience dans mes groupes : je m'approche d'une personne, tout près... et je lui présente une feuille blanche. Je lui demande simplement d'apposer sa signature au bas de la page, sans réfléchir (alors que le corps, lui, a déjà fait un micro mouvement de refus), elle s'exécute. Je m'éloigne alors... et la personne "se réveille". Je lui explique à cet instant que je vais aller à sa banque avec ce document pour retirer de l'argent sur son compte ! Et surtout que ceci est très grave ! Bien sûr, nous rions tous de cette tromperie mais combien d'escrocs utilisent ce jeu d'influence pour annihiler la lucidité de l'autre. Si je me permets cette expérience, c'est sans doute suite à un cas réel qui s'est déroulé pendant un séminaire. Un escroc professionnel, par le comportement que j'ai décrit ci-dessus, avait réussi en cinq minutes à récupérer des clés auprès d'une stagiaire pour lui voler sa voiture. Cette jeune fille tout à fait saine d'esprit, s'est "réveillée" au moment où je lui ai demandé ce qui se passait car j'avais senti moi-même un malaise. C'était trop tard !

Rappel de l'entraîneur : Sois sensible à cet endroit particulier, à cette perception précise où tu remarques que tu commences à te nier. Sens-tu une gêne ? Ta respiration se réduit ! Alors tu es sous influence ! Retiens vraiment le premier point de vigilance : faire un pas en arrière n'est pas perdre mais s'ajuster pour respirer. Vois la personne dans son ensemble pour mieux te positionner. Si tu respires : tu es lucide. Dans notre culture, une distance de jambe est nécessaire. Si tu as confiance, une distance de bras peut suffire. Apprends à danser la relation, sois souple, bouge, déplace-toi !

Je me souviens lors d'une réunion avec un enjeu important m'être laissé coincé au mauvais endroit. Quand ce fut mon tour d'intervenir, je me suis levé, j'ai positionné en le déplaçant le tableau de papier face aux deux décideurs et je me suis exprimé debout à la bonne place... ce qui m'a permis de me respecter... et de réussir mon intervention. Osez vous repositionner ! Prenez soin de votre intégrité.

Dans la relation non verbale, le territoire et le dégagement respiratoire sont prioritaires. Même si vous êtes assis sur une chaise, prenez conscience que celle-ci n'est pas rivée au sol, ajustez-vous et utilisez le geste magique : "attendez !" auquel vous vous êtes entraîné dans le premier guide.

2e étape : **Le regard, fenêtre de l'âme**, est une véritable rose des sables des sentiments. 32 sont déchiffrables en fonction de l'orientation de l'axe oculaire. Les trajectoires optiques montrent comment, inconsciemment, vous tissez en permanence une concentration de faisceaux sur le lieu de vos préférences, de vos désirs.

Il est facile aujourd'hui de détecter qui vous préférez dans un groupe ou par quel produit vous êtes le plus attiré dans une grande surface. Le non-verbal, à votre insu, a déjà parlé !

"Le cœur se pose où l'œil se pose. Il ne dit rien. Juste un peu de lumière qui danse dans la pupille. Cela s'appelle la présence".
Yves Prigent

Exercice : Ton regard est la fenêtre de ton âme. observe la personne qui est toujours en face de toi : te repousse-t-elle ? t'attire-t-elle ? Son regard, même si ses mots disent le contraire, t'informe plus sûrement de sa vérité. Ses pupilles bien ouvertes, dilatées, dénotent son acceptation, son plaisir à être avec toi ou à adhérer à ce que tu dis. Par contre, sois attentif à son regard s'il "se ferme", les pupilles petites et rétractées trahissent son désaccord ou un sentiment négatif envers toi. La parole peut mentir : *"Cette soirée était vraiment extraordinaire !"*. Le regard ne peut pas trahir : *"C'était vraiment nul"* te dit-elle de l'intérieur.

Encore cela suppose-t-il de regarder l'autre, me direz-vous ! Effectivement, la tendance collective est plutôt la fuite du regard en situation relationnelle. Observez : vos yeux balayent, votre pensée est déjà ailleurs, une partie de votre corps est déjà tournée pour prendre la tangente et biaiser la relation ! **Qu'est-ce que la peur d'être en face, du regard de l'autre sur soi-même ?** C'est peut-être tout simplement la conscience que vous ne vous connaissez pas vraiment et donc que vous ne vous acceptez pas encore totalement comme vous êtes. **Sous le regard de l'autre, vous projetez des tas de choses que vous croyez qu'il voit de votre propre personne**, en fait sur ce qui vous échappe de vous-même. Alors que l'autre est en train de penser à ses futures vacances, vous vous placez en évitement pour continuer à exister. Vous vous sentez trop découvert sur des zones méconnues, non assumées. **A fortiori, plus vous vous connaîtrez, plus le regard de l'autre sera vécu comme bienveillant**. Pouvez-vous accepter le regard de votre vis-à-vis tranquillement et exister sous ses yeux ? Dans cette expérience fondatrice, vous traverserez un dernier obstacle : si vous êtes de culture occidentale ou très "mentalisé", votre regard sera formaté pour sans cesse être émissif sur les êtres et les choses qui vous entourent. Les muscles oculaires sont en permanence tendus car toute personne se croit obligée "d'aller vers" alors que "tout est déjà présent" ! Plus important : à chaque fois que vous crispez le regard, vous validez presque toujours trois petits démons psychologiques qui sont : l'esprit de jugement, l'esprit de comparaison et la projection. Détendre le regard sur l'autre, sur les événements, c'est accepter ce qui est présent, sans plus, sans moins... pour s'ajuster plus lucidement dans la réponse. Exercez-vous le plus souvent possible à lâcher prise dans votre regard en desserrant concrètement tous les petits muscles qui entourent vos yeux, devenez accueillant du réel. En terme de gestion de soi et du stress, vous verrez à quel point vous serez plus reposé en fin de journée ! C'est un geste intérieur d'ouverture. Votre attention sur ce tout petit endroit du corps sera votre porte d'entrée concrète pour une relation ouverte et détendue. Qui est là maintenant en tant que personne ?

Ton corps trahit et révèle ce que tu es.
Ton attention détendue et consciente te replace dans ta sincérité, en ouverture.
Change de regard et la relation s'éclaire !

3e étape : **le masque du sourire ou serrer les dents**

Un contrôleur de la SNCF me racontait récemment que lorsqu'il avait un client difficile qui l'insultait, il était sûr que ça allait bien se passer. Par contre, s'il voyait que la personne serrait les mâchoires, pâlissait sans rien dire, là il s'inquiétait car il savait que cette dernière pouvait "péter les plombs" ! L'observation quotidienne de l'humain montre à quel point les personnes sont empêtrées dans des conflits internes qui se marquent sur leurs corps.

Remarque de l'entraîneur de vie : si tu observes bien ton vis-à-vis, tu verras bientôt ses "gestes vérités" qui t'informeront de ce qui tente de se dire...

Vers les 6 ou 7 mois, lorsque maman est partie faire les courses, l'enfant que tu étais s'est rendu compte tout à coup que l'amour s'éloignait de lui, qu'on pouvait l'abandonner ! À partir de cet instant s'est ancrée en toi une sorte d'instinct. Ce dernier te fait re-agir en toute circonstance, afin de re-attirer cet amour. Petit garçon ou petite fille modèle, les comportements acquis sont restés fidèles à cette première expérience : tu as endossé le masque du gentil avec tes parents, maîtresse, professeurs, manager... toujours souriant, aimable au point de nier ta propre personnalité. Ta peur d'être abandonné, de ne plus être aimé, d'être rejeté, déprécié et ton désir de continuer à plaire, à séduire pour conserver cet amour, cette amitié, cette considération, modélisent un très grand nombre de tes comportements relationnels. Cette dépendance (acceptabilité) peut devenir une contre-dépendance (réactivité) où toutes les situations vont te démanger physiquement, te gratter, te hérisser les poils et te faire réagir comme un hérisson pour défendre ton intégrité. Tes micromouvements vont te trahir sur ce sujet et sont la tentative de démarrage d'une expression salutaire. Dans une société où la spontanéité des sentiments est inhibée, tu vas rentrer ton émotion, serrer les dents, contracter les mâchoires jusqu'à avoir "mal à dire", créant ainsi des cris acides sur tes muqueuses, des maux qui n'auront pas pu s'anticiper en mots. Pourtant le corps, lui, aura tenté sa chance.

Tout ce qui ne s'exprime pas s'imprime !
Si tu es le plus conscient des deux dans la relation, tends la perche à l'autre pour qu'il puisse redevenir plus sincère, plus spontané et plus naturel.

4e étape : **La "Tour de contrôle"**

La gymnastique non verbale à laquelle vous vous initiez est un des entraînements de la vie relationnelle. Elle est passionnante car elle vous place petit à petit dans la profondeur d'une relation. La personne ne triche plus, elle devient cohérente donc crédible. Lorsque nous faisons l'exercice du "face-à-face" dans mes groupes, je passe systématiquement derrière les personnes pour poser mes mains sur leurs épaules qui aussitôt s'abaissent d'un ou deux centimètres de... méfiance ! Instinctivement, alors que la réalité est sans enjeu, vous allez faire la "tortue" et rentrer dans votre carapace. Une raideur-peur apparaît à l'intérieur des épaules et vous vous protégez dans votre nuque. Or, cet espace est essentiel dans la relation. Enfermé, ce sont toutes les fonctions vitales d'éveil que vous court-circuitez. Ouvert, l'afflux sanguin et nerveux permet à l'information de circuler et ainsi de dégager votre "tour de contrôle". Vous prenez alors du recul et de la hauteur pour une plus grande lucidité. K.G. Dürckheim[1] disait de son vivant : "*Entre en relation en t'appuyant sur ta nuque, sens la différence !*"

---

1. Docteur en philosophie et en psychologie, auteur d'une trentaine d'ouvrages traduits en français.

Exercice du **"face-à-face"**: Fais l'expérience de te lâcher dans les épaules et lentement ouvre-toi, allonge ta nuque sans remonter le menton, par l'arrière. Installe-toi dans cet espace un moment, regarde et sens "qui est là". La méfiance a-t-elle disparu dans le haut du corps, dans ta personne elle-même ? Es-tu mieux installé dans le bas ? Chaque lieu du corps est un monde en devenir !

Le geste que tu es t'enferme ou te libère.
Ce ne sont pas les épaules qui sont tendues, c'est toute ta personne qui se loge là, agrippée à ses peurs.
Ton geste est aussi ta vérité intérieure.

5e étape : **Être embarrassé ou avoir le cœur sur la main** : lorsque j'accompagne certains patrons ou cadres dans leurs interventions, j'entends à chaque fois cette petite remarque : "*Mais bon sang, je ne sais jamais quoi faire de mes bras quand j'interviens, y a-t-il des trucs ?*". Non, dans le sens où si nous sommes spontanés et sincères les bras et **les mains ne pourront pas rester bien longtemps embarrassés mais commenceront à embrasser l'auditoire !**

En effet, tout se joue dans le lien vécu ou non-vécu avec vos sentiments, vos émotions. Si vous êtes en contact avec ce que vous ressentez véritablement le circuit cœur-bras-mains s'ouvrira et s'exprimera naturellement, sans trucage ! Vous êtes né avec le cœur sur la main ! Ceci dit, ce n'est pas si simple et les formatages ont parfois tellement enfermé notre côté vivant qu'il s'agira parfois de re-informer consciemment le geste ajusté.

Dans l'exercice du "face-à-face", observez les positions des bras "spontanées" (mais non cohérentes) les plus évidentes.

- **Les mains dans le dos ou dans les poches** : votre interlocuteur est gêné et cache peut-être quelque chose, vous ne savez pas quel argument (arme) il peut tirer de sa poche ou de derrière son dos. Ce sont là de vieilles mémoires toujours utilisées ! La franchise relationnelle lorsqu'elle est vraiment présente et cohérente montre toujours "ses mains", les garder en vue introduit **un signal fort mais souvent inconscient, de contact franc sans arrière-pensée.** Encore faudra-t-il que celles-ci restent ouvertes, détendues, exprimant le geste en phase avec l'émotion et la pensée.
- **Les mains sur les hanches** : Comme vous l'avez vu plus haut avec l'histoire de l'agent SNCF, le message de défi ou de sur-assurance risquera d'engendrer une protection, une fuite ou une surenchère dominant-dominé dans la relation à venir. C'est une situation non verbale à haut risque relationnel car **du simple malaise au conflit, il n'y a qu'un geste** !
- **Les bras croisés sur la poitrine** : le plus classique, le plus controversé des gestes ! Il est devenu un acte de confort au fil de l'habitude. Ce n'est pas un hasard si ce geste dit "barrière" se pose exactement en protection sur un endroit clé du corps : votre plexus solaire. C'est à partir de ce "nœud nerveux" que vont se diffuser la plupart des émotions vers le reste du corps. "*Non, je ne me découvrirai pas, tu ne percevras pas ce que je ressens, je me mets sous contrôle... Tu peux toujours essayer de me convaincre !*", voilà le discours que vous pouvez soupçonner sous le sourire affiché de votre vis-à-vis. Attention ! Ceci n'est valable que si les mains sont rentrées vers l'intérieur.

Dans le cas contraire, si elles entourent les biceps, c'est que l'autre personne vous montre sa supériorité, mais n'est-ce pas encore une façon de cacher des sentiments plus fragiles, plus humains ? Ouvrir vos bras, c'est vous exposer à la vie, à l'autre "sans peur et sans reproche".

La plupart du temps pour accompagner ce geste barrière, vos jambes ou plutôt vos cuisses se croiseront et resteront serrées autour du périnée bloquant ainsi votre respiration. Conséquence : les muscles à l'intérieur des oreilles se serreront jusqu'à perdre 30% d'écoute... sans le vouloir ! Tout est relié, en fait vous êtes en posture globale d'écoute ou pas. Alors que faire de vos bras ? Rien, sinon voir honnêtement ce qui cherche réellement à se manifester... pour l'exprimer et vous remettre en mouvement dans la relation. **Être sincère, c'est communiquer avec son cœur**... qui va jusqu'au bout de vos mains ! Encore une fois, si vous êtes attentif à votre vis-à-vis, c'est à vous de détendre l'ambiance, de favoriser un climat de sincérité, afin que l'autre retrouve un naturel communicant.

6e étape : **la relation à la terre ou le Gros Bon Sens** : c'est la capacité à rejoindre votre prise de terre en cas d'orage relationnel !

Exercice : Pour conduire l'électricité négative, conflictuelle, de la relation du plexus à la terre, tu relâcheras le bas-ventre, tu desserreras les genoux et tu détendras le contact de tes deux pieds au sol. Cela marche très bien et permet de dégager la "tour de contrôle" pour plus de lucidité.

Avoir les deux pieds bien sur terre est un signe de confiance, de solidité, cela se traduit par :

"On peut compter sur lui ! Elle tient debout ! Il a l'air de faire le poids pour régler ce problème". Le bas du corps donne un message fort à la relation. Désaxé, vous serez dans un "flou artistique" avec l'autre. Raide sur les genoux, vos certitudes risquent de vous empêcher d'écouter, votre rigidité vous coupera de vos sentiments et vous pourriez être engagé dans une relation dominant-dominé !

7e étape : **En marche !**

Comment marches-tu ta vie ?
Ta manière de bouger parle de ta relation
au monde et aux autres !
Bébé, tu avançais en confiance aveugle,
guidé par ton centre corporel... ventre en avant,
prêt à te déséquilibrer mais te rattrapant
presque toujours...
Adulte, ton identité se forge dans ton axe,
dans un centre en mouvement qui instruit
ta conscience à chaque pas.

Avez-vous déjà remarqué dans la rue ces personnes **"adultes" aller de l'avant** ? Elles sont en général dynamiques, un peu montées sur des ressorts mais c'est la tête qui précède l'action, cou tendu vers je ne sais quel but. Elles sont en permanence projetées dans le futur, leurs conversations sont pleines de projets, de projections. Elles loupent l'instant présent pour imaginer le futur. Les ramener vers une situation d'écoute signifierait les arrêter, les inviter à s'asseoir, attendre que leurs corps s'inclinent enfin en arrière. Si elles sont très extériorisées, ce qui est souvent le cas, vous vous apercevrez que leurs chaussures s'usent vers l'extérieur du pied.

D'autres personnes marchent "sur des œufs", suspendues **dans leurs peurs de rencontrer le**

réel, le concret. Là encore, il s'agira de les faire "redescendre", de s'entendre sur des faits précis, de maîtriser les systèmes de fuite bien rodés dans les conversations. Il faudra les rassurer et établir un climat de confiance avant d'aller à l'essentiel. Souvent, la prudence est telle que tout le corps est projeté en arrière, dans le passé et ce sont les bouts des pieds qui guident vers l'avenir ! Si une personne est introvertie, vous le remarquerez à l'usure de ses chaussures qui se fera au niveau du talon et sur toute la partie interne.

D'autres personnes, lasses et dépressives, pourront afficher un beau sourire, pendant que leurs corps légèrement voûtés, avachis, traîneront la semelle. Vous serez alors **attentif à ne pas jouer le sauveur ni à les conforter dans leurs rôles de victimes**. Il s'agira plutôt de les "redresser" en les responsabilisant et en les stimulant.

Enfin, **la personne dite centrée et confiante renverra une sensation très équilibrée dans sa démarche souple, harmonieuse**, ni en avant, ni en arrière. Sa voûte plantaire se pose de manière à ce que la terre reçoive en même temps le coussinet sous le gros pouce et celui du talon. Amortis naturellement au centre, le bassin et la colonne vertébrale ne répercuteront aucun choc nocif et les semelles s'useront de manière équilibrée. Cette personne peut manquer parfois de fantaisie ou de créativité mais *"on peut compter sur elle"*.

Bien sûr, ce que nous appelons un "bien vivant" dans notre collection-guide sera un peu plus libre de ces marquages pour mieux danser sa vie au rythme des différents pas adaptés aux multiples musiques de l'existence. **Commencez à voir profondément dans quel style vous êtes enfermé.**

5e attention relationnelle :
LA FAÇON D'ÊTRE LÀ – de la présence globale au micromouvement

1. Entre tension et dissolution

Exercice : Ferme légèrement les yeux devant ton vis-à-vis et observe-le de loin. Être simplement là, présent et ouvert. Qu'exprime cette personne à travers sa globalité ? Détache-toi du petit détail et vois profondément l'être entier qui te parle à travers la forme qu'il est.

Cette forme est-elle plutôt relâchée ou rigide ? Avez-vous devant vous quelqu'un de "campé" sur ses positions, articulations raidies, dégageant un climat de froideur et adoptant une façon de bouger extrêmement limitée ? Au contraire, est-ce que cette personne porte le poids du monde sur elle, voûtée, comme enroulée dans des protections, abattue et déjà victime avant même de prononcer un mot ? **Entre tension et dissolution, vous pouvez deviner qui est là pour mieux vous ajuster**. La tension est une relation à la vie qui s'éprouve comme dangereuse. La réponse corporelle est défensive ou attaquante. La dissolution est une relation qui s'éprouve comme une toute puissance de la vie sur soi. La réponse corporelle est l'abandon et la démission.

Ceci est une invitation à vous découvrir et à vous éprouver à travers le corps-messager de votre vérité intérieure. Votre peau, votre allure générale est-elle prête à craquer par un ego sur-dimensionné ? Regardez des photos de personnes 10 à 20 ans en arrière, vous serez surpris de voir à quel point certains "personnages" semblent surgonflés et d'autres auront par contre accentué leur côté psychorigide en s'asséchant, en se "dégonflant" devant la vie et ses plaisirs. Soyez attentif à toutes ces dé-formations, votre être vous modèle en permanence, autant aller vers le bien-vivant !

2. Entre ouverture et fermeture

Une deuxième attention globale est bien sûr la relation d'acceptation ou de rejet par rapport au monde et aux autres.

Exercice : La personne qui est présente là, maintenant, sous ton regard est-elle globalement ouverte à la relation ? Exposée à la vie ? Respirante ? Dansante ? Ses jeux articulaires sont-ils libérés prêts à s'articuler avec... ?

Et toi ! Comment te ressens-tu... T'es-tu au contraire refermé inconsciemment, que ce soit dans tes mâchoires qui se défendent, ta poitrine qui se noue ou ton périnée qui se serre... sois conscient de qui se présente là dans la relation... car tu n'es pas que cela, tu n'es pas que ce qui est inscrit. Tu peux consciemment t'éprouver pour mieux te relâcher en profondeur et devenir à chaque fois un peu plus la personne naturelle et sincère qui est ton origine et ton devenir.

Tous les mouvements d'ouverture et de fermeture viennent renforcer l'effet de tension et de dissolution. Soyez sensible à cela pour aller vers des relations plus ajustées. Le "geste que vous êtes" exprime votre profondeur. Celui que vous ré-imprimez informe votre profondeur et creuse ce qui devait être. Tous les comportements associés aux attitudes intérieures dénotent vos motivations inconscientes et les localisent. Observez en allant du particulier (ce geste qui vous

YUNG

Psychiatre suisse, diverge de la pensée freudienne en introduisant la notion d'inconscient collectif.

Il est médecin assistant de Bleuler (1900)

L'histoire de Yung peut se raconter sans un mot, en deux photos : à trente ans, son visage est massif, autoritaire, presque sanguin, avec le menton puissant des insticntifs et des tyrans, une bouche qui refuse et des yeux qui jugent : à quatre-vingts ans, son regard comprend, son menton a perdu de sa brutalité, et sa bouche est devenue à la fois ironinque et pâisible. Il a gagné en douceur et en clarté, il est enfin beau.

Quand le regard intérieur remplace les lunettes !...

devient
Carl Gustav

a alerté) au global (la personne qui se présente dans son "entièreté", signifiée et signifiante) et confirmez votre "impression" par les micromouvements qui signalent le "cœur de message".

3. Pulsions et micromouvements

"Ils sont la soupape du corps face au non-dit du cerveau*. Le corps crie grâce à des micro-mouvements, chaque fois qu'il est en désaccord avec les mots sortis des bouches. Le corps est mal élevé".*[1]

Exemple type : Cette personne ouverte, détendue, dans un discours positif, qui simultanément raidit sa main droite, se gratte le nez furtivement avec l'autre main pendant que ses pupilles se rétractent. Ce message contradictoire t'indique une vérité relationnelle : **un conflit intrapersonnel**.

En micromouvement, la main peut soit :

- se fixer : elle se pose et se stabilise sur un endroit précis où tu te concentres en touchant un endroit significatif (réflexion profonde, remise en cause, suspicion ou attente);

- démanger, frotter car cette situation t'irrite et te fait gratter à certains endroits. **Pourquoi ton malaise s'exprime-t-il par ce picotement ou ton mensonge par une envie incontournable de te gratter le nez ?**

La microcaresse quant à elle, indique le narcissisme que tu peux ressentir à ce moment précis ou un "effet" de séduction inconscient.

Sache que dans ces situations, une légère vasodilatation sanguine et une activation nerveuse se déclenchent pendant cinq secondes.

---

1. La synergologie, *Philippe Turchet, Editions de l'homme.*

Le réflexe de Pinocchio, par exemple, qui consiste à se gratter le nez très rapidement lorsque tu n'es pas en congruence est simplement l'aboutissement d'un réflexe médullaire. Il équilibre, compense et donne une contenance lorsque tu travestis la vérité : une émotion, une zone d'ombre, une pensée... mais aussi un désir non exprimé, une chose que tu ne veux pas voir, entendre, dire ou simplement lorsque tu ne comprends pas.

Attention, tu es dans la première étape de la clarté relationnelle.
Le corps est ton premier support d'attention mais ne te focalise pas totalement sur lui au risque de ne pas entendre tout ce qui peut dévoiler la richesse d'une relation.

Exercice : Prends le temps de voir sérieusement les expressions du corps dans la relation, cela te permettra de développer une attention, une présence à l'instant. Peux-tu, tout de suite, décrire les gestes, postures, micromouvements, attitudes de la personne que tu connais soi-disant le mieux ?

- Sa façon de quitter ou de rencontrer :

- Ses gestes des différentes parties du corps qui reviennent le plus ou sont installés :

- La manière d'être là globale (tension, dissolution, etc.) :

- Sous stress, en situation de conflit, quels comportements non verbaux reviennent le plus souvent ?

Souviens-toi, le sens de l'observation développe l'attention qui est la qualité première de la relation.

Entraîne-toi sans jugement avec plusieurs personnes et demande un retour sur leurs propres impressions envers toi. Tu peux utiliser les films vidéos que tu as à ta disposition. Tu peux t'entraîner aussi en observant les hommes politiques à la télévision. Un expert observe d'ailleurs en permanence les comportements non verbaux de tous les grands politiciens. Car les gestes font partie de l'image qui elle-même prédomine souvent dans la communication médiatique. Mieux te connaître à ce sujet, mieux écouter l'autre au-delà du verbal, c'est comme déchirer un voile, **regarder enfin ce qui avait toujours été là : des rencontres sans masque !**

Chapitre 2.

"Si de ton œil s'écoule une larme sincère n'essuie pas ton visage, laisse le vent faire."

D. Pons

LA SENSIBILITÉ ET LA MAÎTRISE ÉMOTIONNELLE

"Au commencement, les géants s'étaient divisés le monde : aux savants la matière, aux philosophes les idées, aux poètes les émotions, et... les savants de disséquer, les philosophes de penser et les poètes d'éprouver ! Hélas, autour d'eux, les hommes, les simples mortels avaient bien du mal à s'y retrouver. Ils avaient la tête dans les étoiles, des émotions plein le ventre et fabriquaient des maladies...

Ils se faisaient de la bile, avaient les idées noires, se faisaient des cheveux blancs, en avaient plein la tête, étaient tantôt ivres de colère, tantôt fous de joie".

Car **les hommes "vivent" les choses avant de les comprendre !** Il en est ainsi pour les émotions dont le champ lexical trahit déjà les liens entre corps, cœur et pensée impliqués, imbriqués dans chaque émotion.

L'homme et la femme d'aujourd'hui perçoivent bien l'importance vitale du jeu des émotions dont ils se sentent parfois le jouet et dont ils voudraient tant être les maîtres. Le bébé se trouve dans l'émotion immédiate, sans filtre mental et reste en bonne santé tant que ses cris, ses pleurs, ses rires et ses dégoûts ne sont pas "piégés" par un adulte qui ne supporte pas ce formidable miroir.

Ton affectivité est un mouvement de vie qui cherche à s'exprimer... malgré toi ou avec toi. Utilise ta sensibilité consciente pour mieux t'éprouver et ainsi aller au cœur des êtres et des choses.

Observez le schéma de la "vie e-mouvante" qui suit.

Imaginez : un chat surgit brusquement sous vos pieds et suscite un comportement unique et personnel. Cette première réaction est pulsionnelle (un frisson, un sursaut, un cri). Elle va prendre aussitôt la couleur de votre humeur de base (grincheuse ou joviale par exemple). Selon l'intensité, une émotion va surgir ou non : un accès de colère contre le chat ou un rire joyeux ! Dans le temps qui suit, si l'intensité monte d'un cran, vous entrerez peut-être dans la zone pathologique de l'émotion en ayant un geste violent envers le chat ou un rire nerveux et euphorique. Mais dans une moindre intensité, c'est le sentiment qui va perdurer : impression agressive ou de bonheur. Le chat qui traverse est un fait... neutre qui stimule le chemin émotionnel construit sur votre terrain historique. Votre attitude ne sera pas forcément la plus ajustée à la situation réelle car elle est rivée à vos mémoires et à votre tempérament de base. Votre histoire est inscrite dans la voie la plus fréquentée, la plus réflexe, qui vous fera être plutôt d'humeur agressive, alors que sur cette même situation, le voisin, en croisant ce chat, sera lui d'humeur plutôt joviale. Vous pouvez donc **mieux vous connaître dans vos réactions émotionnelles habituelles et maîtriser les zones non ajustées ou pathologiques pour une vie plus détendue.**

LA VIE E-MOUVANTE

L'im-pulsion de la vie est comme l'onde créée par la chute d'un caillou dans une eau calme.

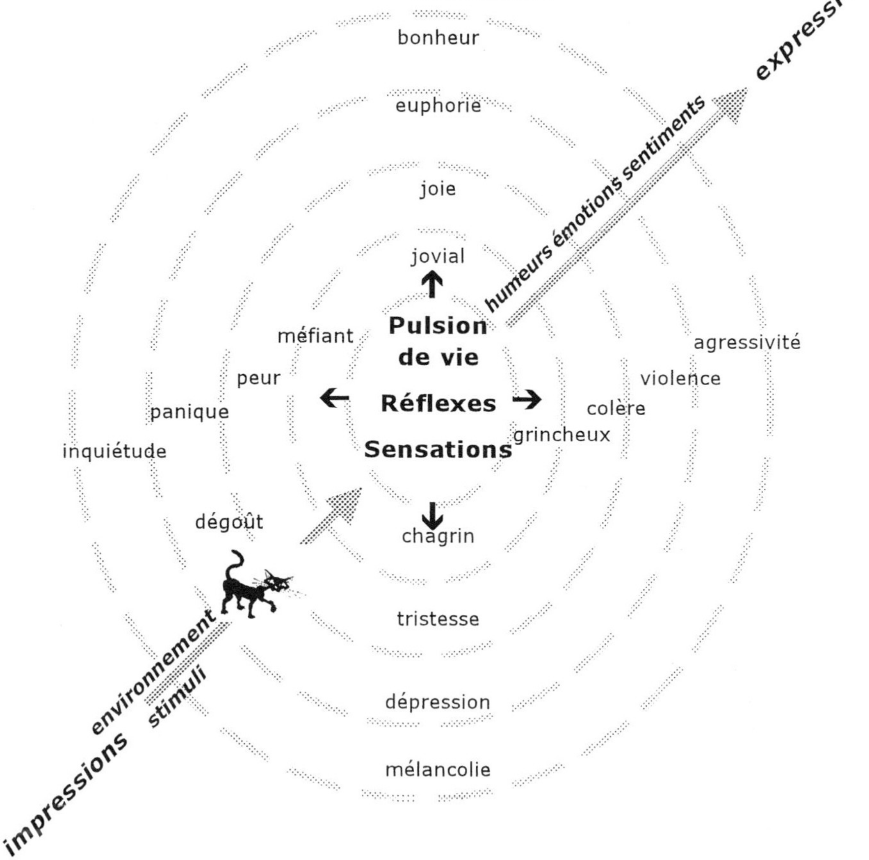

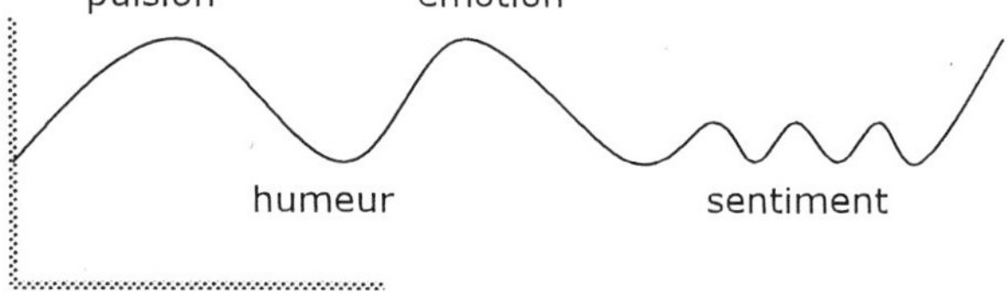

Le mouvement de la vie est énergie. Son expression nous émeut, nous remue pour nous inviter à la relation.

6e attention relationnelle : **COMPRENDRE "L'INGÉNIOSITÉ" ÉMOTIONNELLE**

Ce n'est pas l'événement qui est troublant. C'est bien toi qui te trouble avec ! De même que le chemin n'est pas responsable de ta chute. C'est de ta relation au chemin que dépendra ton avancée ou... ta chute. Ainsi l'émotion n'est pas source du conflit en toi. Ta relation à l'émotion t'en offrira soit les fruits, soit... les pépins !

Dans une culture méditerranéenne, l'émotion intense du deuil s'exprimera par des pleurs et des cris. Dans les cultures plus nordiques, la douleur sera intériorisée, alors que dans certains peuples d'Asie le deuil sera vécu dans la joie ! Les émotions sont conditionnées par la culture, l'éducation et les croyances. **Vous ne changerez pas forcément l'événement mais vous pouvez changer la nature de votre relation à ce dernier**. Vous pouvez reprendre du pouvoir sur votre trouble pour éviter qu'il ne vous aveugle sur la réalité de la situation. Retrouver des émotions plus ajustées, c'est récupérer à chaque fois de l'énergie pour créer votre vie dans la joie. Ce n'est jamais la faute à... ! C'est bien vous qui avez été perturbé. À vous de redevenir responsable de votre trouble pour l'exprimer de manière plus ajustée comme nous le verrons par la suite. Cette voie préférentielle (votre humeur de base) se traduira par des pulsions rapides et instantanément effacées. Renforcées, elles feront surgir des émotions plus ou moins violentes. Répétées, il subsistera alors une trace inscrite dans la durée que les sentiments exprimeront. Observez la cible récapitulative afin de mieux vous repérer dans les voies souvent insondables du cœur.

L'émotion sert à être plus humain, à entretenir des relations plus épanouissantes avec l'entourage mais aussi selon Daniel Coleman, fondateur du fameux Q.E., Quotient Émotionnel, à prendre les bonnes décisions. Tous ceux et celles qui réussissent leurs vies aussi bien professionnelle que personnelle et relationnelle sont des forts Q.E. ! **L'association intelligence-émotion apparaît pour la première fois comme une des clés essentielles du bonheur**. Avoir une bonne conscience de soi, maîtriser ses émotions, être capable d'entrer en relation sont des atouts majeurs pour se sentir en accord avec les autres.

Dans certaines écoles américaines et canadiennes, des enfants développent leur intelligence sur ces trois thèmes. Une boîte à lettre est à disposition pour y déposer des mots, des préoccupations anonymes du style : "*Alice et Lynn ne veulent pas jouer avec moi !*". Ainsi le professeur d'intelligence émotionnelle pourra déclencher un débat sur la plainte, le rejet, l'abandon et la peur. Les enfants pourront s'apercevoir qu'ils ne sont pas seuls à vivre certains états. Ils rechercheront ensemble des solutions et apprendront à mieux gérer leurs affects, afin que les relations deviennent plus claires et plus profondes.

L'univers familial est souvent l'endroit inverse de cette démarche. **Pourquoi est-il si difficile d'exprimer vraiment ce que nous ressentons ou éprouvons en famille ?** Souvenez-vous des dîners silencieux où l'on n'entend que le bruit des fourchettes au rythme des regards furtifs dans l'attente d'un éventuel éclair de bon sens. Ou encore les disputes sans fin lorsque les mots dépassent toujours les pensées et réactivent sans cesse les blessures profondes ! Peu ou trop d'émotion, ainsi en est-il des familles en difficulté relationnelle. Un nombre de sentiments limités et souvent négatifs sont autorisés telle que la culpabilité. C'est le creuset d'une vie de relation ambiguë, contradictoire, voire perverse à soi-même et à l'autre.

Les émotions spontanées n'étant plus naturelles mais encombrées de vos formatages, pouvez-vous vous fier à vos états affectifs ?

Distinguer facilement la joie de la tristesse, l'affection de la haine ? Prudence ! Les émotions sont aussi des mécanismes de défense contre... des réalités émotionnelles jugées trop dérangeantes. Il est possible d'être terrifié par une femme et la repousser justement parce que vous l'aimez... sans le savoir ! Vous avez, en réalité, peur de votre propre désir qui pourrait vous entraîner vers l'inconnu.

Si vous êtes une femme, le poids de vos interdits et autres tabous pourrait bien vous faire éprouver un profond dégoût pour cet homme, allant jusqu'au vomissement, alors qu'il vous plaît. Les conflits nés dans le milieu familial peuvent influencer considérablement la fiabilité de nos mouvements émotionnels d'adulte. **Une déclaration de haine peut en masquer une d'amour**, si une pudeur "apprise" excessive ou l'angoisse d'être rejeté s'en mêlent. N'avez-vous jamais éclaté de rire lors d'un enterrement ? La tristesse est si forte ! Si c'est là un mouvement trop réprimé habituellement, il va faire surgir son opposé : le rire et non les larmes. À l'inverse, une immense joie qui vous submerge et c'est une forme de plénitude "pas acceptable" qui nous fait transformer la joie en larmes ! Culturellement, ne soyez pas choqué si vous voyez un Africain atteint de dépression entrer dans une sorte d'euphorie plutôt que de l'abattement attendu. **Les formatages émotionnels de chaque culture ont leur sens**. Alors, ne vous fiez pas toujours aux apparences dans vos relations : telle personne qui se présente à vous distante, froide, hautaine, risque de vous faire reculer dans la méfiance. Cette indifférence dissimule la plupart du temps son opposé : une sensibilité exacerbée sous une carapace qui est un moyen de défense.

L'émotion est également imprévisible dans le temps et l'espace. Rappelez-vous, le jour où vous êtes rentré de votre travail après avoir été agressé et blessé par les remarques de vos collègues. Votre carapace vous a permis "d'encaisser" mais vous n'avez pas pu vous empêcher d'exploser pour une "broutille" pendant le repas du soir ! Votre rage, réelle, s'abat à contretemps et sur la mauvaise personne.

Sophie, 10 ans

Extrait de : Je te souhaite du bonheur - Sagesse enfantine - H. Exley

Quel est votre canal privilégié ? Où êtes-vous coincé ? Si vous êtes émotif et submergé par une vieille angoisse, comment allez-vous éprouver des émotions vraies, pleines, et par conséquent les gérer ? Cela vous demandera un entraînement spécifique. Les aires émotionnelles du cerveau sont malléables jusqu'à 15 ou 16 ans. Pouvons-nous continuer à évoluer par la suite ou sommes-nous condamnés à nos modes de relations enfantins ou adolescents ? Il est possible et souhaitable de continuer à évoluer ! **Nous découvrons à peine les possibilités infinies de notre cerveau à créer du neuf**. Les connexions neuronales traumatisées, renforcées par les conditionnements, ne sont plus qu'une petite partie de notre potentiel. Tout est encore à créer ! La conscience de soi est donc un état essentiel pour aller vers une clarté relationnelle. Je rencontre beaucoup de personnes dans mes séminaires qui me disent : "*Les émotions, ça ne me sert qu'à être à fleur de peau avec les autres, je n'arrive pas à me maîtriser, c'est plus fort que moi ! Du coup, je dis ou fais des bêtises et je le regrette par la suite. Alors, je me ferme et je rentre ce que j'avais sur le cœur. J'aimerai que tout ceci s'arrête !*" Il apparaît **une confusion entre émotion et hyperémotivité qui est l'effet d'un refoulement de notre émotion vraie, celle qui a été réprimée, interdite dans l'enfance**. Pour ne pas déplaire aux parents, pour être aimé, paraître fort, nous nous sommes affublés d'un masque émotionnel.

Le compte est bon ! Descartes, philosophe, comptait six émotions fondamentales : l'admiration, l'amour, le désir sexuel, la haine, la joie et la tristesse. Les psychologues Philip Johnson-Laird et Reith Oatley en repèrent quatre : le bonheur, le dégoût, la peur et la colère. Le neuropsychologue Jaak Panksepp, supprime les deux premières, ajoute l'intérêt et la tristesse. C'est la liste de Paul Ekman, spécialiste de l'expression faciale qui semble recueillir le plus de suffrages aujourd'hui. Pour lui, il existe six émotions principales : la joie, le dégoût, la surprise, la tristesse, la colère et la peur, choisies pour leur universalité.

La joie, la colère, la tristesse et la peur représentent le modèle de base sur lequel nous pouvons le plus facilement nous repérer.

Nous verrons un peu plus loin sur la deuxième cible de l'entraîneur de vie comment ces émotions sont visibles et lisibles sur le plan des postures et des expressions respiratoires.

Situe ton chemin le plus fréquenté sur la cible. Prends conscience de ta manière habituelle de réagir sous tension. Quand tu es " extrême ", quelle est ta zone de panique ou pathologique ?

Événement :

Réaction habituelle sous tension :

- pulsion/sensations :
- humeur :
- émotion :
- sentiment :

7e attention relationnelle :
EXERCER SA SOUPLESSE ÉMOTIONNELLE

Voir profondément une émotion
c'est assumer la réalité.
Accepter cette émotion
c'est lui permettre de suivre son chemin.
Accompagner ce mouvement
c'est se relier à la vie.
L'émotion est alors source créatrice,
l'attention peut se réorienter !

L'exploration émotionnelle vous permet de vous réapproprier vos sensations émotionnelles gratuitement, sans attendre qu'elles viennent vous "jouer" ou vous "déborder". Plus vous affinerez votre instrument, plus vous accompagnerez la vie avec les bons accords. **Comme vous pouvez entraîner votre corps ou votre mental, il est possible de faire des assouplissements émotionnels**. L'é-motion étant mouvement, elle est faite pour circuler sans entrave, c'est bien vous qui l'arrêtez en faisant surgir une contre-tension à la tension naturelle. En vous crispant, vous allez déclencher une douleur puis une souffrance. C'est bien souvent un réflexe corporel qui est associé à une représentation mentale erronée, une croyance héritée et non ajustée. Vous allez retrouver dans l'exercice ci-après votre capacité à faire recirculer de manière harmonieuse les quatre mouvements fondamentaux de la vie émotionnelle. **C'est une pratique d'hygiène émotionnelle tout à fait basique pour vivre au mieux des relations vivantes.**

Observez bien cette nouvelle cible : les niveaux d'approche favorisant la communication sont liés à la joie et à la colère, alors que les jeux de l'évitement sont le propre de la peur et de la tristesse. **La mise en tension de toute la personne se révèle dans la peur et la colère, alors qu'une profonde détente accompagne la tristesse et la joie.** La zone centrée de la cible concerne la tension juste dans la vie, alors que les extrêmes alertent sur les limites, là où vous êtes joué, là où il serait plus sage de vous faire accompagner. Les deux premiers cercles sont dans votre zone de responsabilité et de jeu.

L'ÉMOTION : jouer pour ne pas être joué

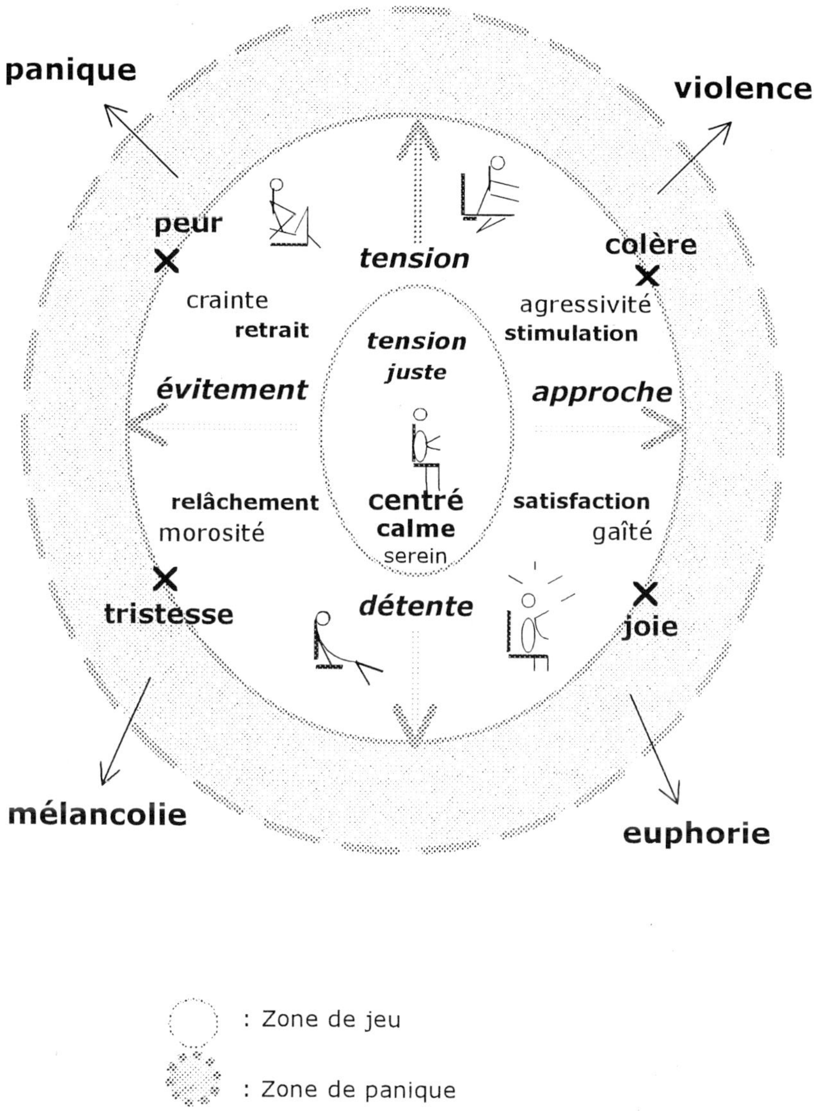

L'entraîneur de vie vous invite à vous assouplir une fois par semaine pendant un mois en sachant qu'il faut un minimum de 40 jours pour renouveler nos cellules.

Exercice :

L'émotion circulante, debout ou assis

1. Repère la posture centrale :

Place-toi de la manière où tu te sens le plus serein et centré. Observe une respiration calme et profonde. Durée 20 secondes.

2. Descends dans la tristesse :

Sois triste, puisque cette sensation est déjà inscrite dans tes fibres, retrouve la posture corporelle ajustée, laisse tomber les bras et laisse-toi glisser vers la mélancolie en modifiant ta respiration avec des soupirs de ras-le-bol. Le triste expire, se vide. C'est une émotion positive dans l'intensité juste mais tu dois être alerté au moment où ce même mouvement commence à te jouer. Amplifie donc ta posture et ton "vidage" respiratoire. Si nécessaire, retrouve un souvenir, ton attitude va certainement te le rappeler. Éprouve-toi dans cette émotion, totalement, tu pourras d'autant mieux en être acteur dans la vie.

Si un parent commence à émettre des injonctions répétées à un enfant du style : *"T'es nul ! – T'y arriveras jamais – C'est encore de ta faute – Je t'interdis de..",* ce dernier va petit à petit se renfermer au point de ne plus inspirer par le nez. **L'inspiration accueillie profondément comme un merveilleux parfum est en relation avec le désir**. Les injonctions négatives sont des inhibiteurs du désir qui vont faire manquer de souffle à l'enfant jusqu'à ce qu'il ouvre la bouche pour se mettre en survie. Respires-tu par la bouche ? À force de te mettre "la tête sous l'eau", tu t'empêches de prendre l'air du désir. Es-tu devenu mélancolique, voire dépressif ?

Tu feras circuler l'émotion de la tristesse 1 minute, puis avec l'entraînement 20 secondes, comme un rappel conscient.

3. Reviens au centre de la cible :

Pendant 20 secondes et comme un réflexe, retrouve ta respiration et **la posture de sérénité**, fais que cela devienne petit à petit un véritable repère pour ta vie.

4. Avec souplesse, passe dans la méfiance et la peur :

Adopte les postures de fermeture corporelle, de recul et coupe ta respiration. Puis "halète" de panique, colle physiquement à cette peur jusqu'à ce que tu déclenches le mouvement éprouvé de l'émotion et peut-être un souvenir.

À force de croire que le monde qui t'entoure est source de danger, que les relations sont des agressions potentielles ou des jeux de manipulations, **le système de survie sain et ajusté du système émotionnel s'est mué en enfer-mement**. Avoir peur de vivre, de s'incarner, c'est éviter de prendre corps, de t'ouvrir à ce qui pourrait te faire "danser". Tu gèles tes potentiels, tu refroidis tes extrémités, tu diminues ta mobilité, ta capacité à t'articuler avec... et tu trembles de peur au lieu de frissonner de vie ! La peur comme la tristesse sont les deux émotions de retrait de la relation. Il est essentiel de les reconnaître, de les vivre, de te réconcilier avec.

Toute tristesse, toute méfiance est souvent l'expression d'une colère empêchée ! Tu expérimentes aussi dans la peur une respiration haletante où l'air ne passe pas dans un fond de nez dilaté par le désir ou ouvert par le calme.

Tu feras circuler cette émotion 1 minute puis avec l'entraînement 20 secondes, comme un rappel conscient.

5. Reviens au centre de la cible :

Pendant 20 secondes et comme un réflexe, retrouve ta respiration et la posture de sérénité.

6. Tu vas donc pouvoir explorer maintenant cette formidable émotion relationnelle qu'est la colère, une "sainte colère" comme disaient les anciens ! **L'agressivité est une magnifique énergie. *Ad-gresso* : aller de l'avant, mobiliser ses ressources pour satisfaire un besoin ou réaliser un objectif de vie**. Comme toutes les autres émotions, c'est toujours un beau mouvement de vie à la base. Enfermée ou exagérée, voire violente, elle peut aussi se retourner contre soi.

Retrouve donc consciemment tes sensations pour reconnaître la colère : en prenant une posture "en avant", en fermant tes poings et en mobilisant ton souffle, ose faire remonter ce qui n'a pas pu s'exprimer un jour peut-être. Donne une nouvelle chance à ce qui s'est engrangé dans un muscle, un organe ou au fond de tes cellules.

Tout ce qui s'exprime, ne s'imprime plus ! La colère redonne de l'énergie et permet de se repositionner dans les relations. Attention, il ne s'agit pas d'exercer sa colère sur les autres mais de commettre un acte responsable et pacifiant avec cette charge émotionnelle. Il s'agira donc de t'occuper de cela dans ta chambre par exemple avant de reprendre la relation. L'entraîneur de vie t'invite à travailler l'exercice du sabre sur la gestion de la violence (16e attention relationnelle).

Dans cet exercice, expérimente ton comportement de colère et les sensations que cela te procure pendant 1 minute puis avec l'entraînement 20 secondes, comme un rappel conscient.

7. Reviens au centre de la cible :

Pendant 20 secondes et comme un réflexe, retrouve la respiration et la posture de sérénité. Ce mouvement doit se faire de plus en plus facilement.

8. Ah, la joie !

Y as-tu accès facilement, gratuitement ? Nelson Mandela dans un de ses discours d'inauguration expliquait que notre peur la plus profonde était certainement celle de "rayonner" dans la vie ! Qu'est-ce qui empêche ce merveilleux mouvement de la joie ? Être rayonnant ce serait comme si tu pouvais dépasser ta peau pour laisser irradier ce que tu es dans la plus belle partie de toi-même. Pourquoi enfermer cela ? Ne pas reconnaître ce rayonnement, l'exprimer et le faire partager, c'est refuser sa plénitude. C'est aussi une sorte de pudeur apprise et de fausse humilité qui expriment : *"Si je parais bien dans ma peau et 'hors' de ma peau, je vais être mal vu !"*. **Assume le fait de rayonner, ce n'est pas de l'orgueil** (qui aurait pour image la lumière arrogante des néons), mais ose exprimer l'éclat naturel de ce qui est beau et bon en toi. **Partager cela est non seulement normal mais source de bonheur... et de chaleur humaine.**

Prends une posture où tu t'élargis intérieurement, où ta respiration se fait ample dans tout ton volume corporel... et laisse remonter des images bienfaisantes. Peut-être iras-tu jusqu'à rire. Mais peut-être toucheras-tu l'autre versant de cette émotion, celle qui peut te jouer, à savoir l'euphorie. Comme dans les autres émotions, tu quittes alors la conscience lucide pour toucher les limites pathologiques. Expérimente vraiment, même si c'est pauvre au début. **L'impossible a toujours été le commencement de tous les possibles !** Remplis-toi de joie 1 minute puis avec l'entraînement 20 secondes, comme un rappel conscient.

9. Reviens au centre de la cible :

Retourne une dernière fois "chez toi" pendant 20 secondes dans ce lieu de paix et de tranquillité que tu apprivoises de plus en plus. **C'est le centre de tous les possibles.** De là, tu peux aller dans toutes les directions émotionnelles en étant sûr de pouvoir te replacer au centre.

L'objectif n'est pas, dans la vie, de rester dans cette zone de sérénité en permanence. J'ai connu un professeur de yoga ayant cette croyance… et qui, "à force d'être serein"… a fini en hôpital psychiatrique ! **L'invitation, ici, est de se sentir un "bien vivant" et de reconnaître que la vie est mouvement perpétuel** dans laquelle tu peux te glisser avec souplesse.

10. Le cycle terminé, tu peux le revivre rapidement sans bouger.

Immobile, le mouvement de l'émotion se déploiera intérieurement. Ainsi, dans les moments de la vie où tu ne peux pas bouger librement avec ton émotion, dans certaines relations par exemple, tu pourras accompagner celle-ci intérieurement sans te laisser déborder.

À présent, tente de répondre à ces deux questions :

1. Quelle est l'émotion avec laquelle tu t'es senti le plus proche, celle qui a été la plus facile à vivre ? Pourquoi ?

2. Quelle est l'émotion qui te semble la plus éloignée de toi, celle qui a été la plus difficile à vivre ? Pourquoi ?

Bravo ! Si tu as réussi ce cycle complètement, en prenant le temps, une ou deux fois, c'est gagné !

Par la suite il ne dure que 180 secondes, soit 3 minutes ! L'émotion qui t'est la plus familière circule probablement bien en toi, c'est un mouvement "ami" qui ne te joue pas trop de tours. Par contre, l'émotion la plus difficile à vivre est celle qui est probablement la moins intégrée. Elle est à vérifier sur plusieurs fois. Ce sont des mouvements non circulants ou trop "à fleur de peau". Tu pourras alors insister avec tendresse sur le vécu "gratuit" de ces émotions.

Invitation : **Plus tu joueras de ton instrument, moins il te jouera.** Seul restera un trait d'humour lorsque tu reconnaîtras l'émergence d'une nouvelle émotion en toi : *"Tiens, te voilà… je te connais"* avec la liberté de changer de posture, de mode respiratoire pour accéder à l'émotion qui te semble plus ajustée. Cette nouvelle attitude peut te faire penser différemment ! Sois joueur, entraîne-toi sur toutes les petites émotions, tu verras ainsi ton émotivité diminuer.

En maîtrisant mieux ton système émotionnel, tu oseras ainsi faire preuve d'une belle sensibilité dans tes relations sans te perdre, sans avoir peur de la réaction de l'autre ou de ta propre émotivité ou sensibilité.

8e attention relationnelle : **UN RÉFLEXE POUR SE PACIFIER**

Au fil des années, mon expérience personnelle et les retours des participants à mes séminaires m'ont appris une chose certaine, plus c'est simple, mieux ça marche et plus c'est applicable directement au quotidien ! Ceci pour les émotions dites simples, de tous les jours. Par exemple : une irritation dans une file d'attente, une susceptibilité réveillée par un mot mal placé ou encore une montée de colère au volant de votre voiture. Pour cela, je vous invite à suivre la mise en pratique extrêmement efficace de votre entraîneur de vie. Retenez d'ores et déjà que votre système de survie déclenche une émotion en deux millisecondes. Seul un acte réflexe acquis peut se placer efficacement en face de cette réaction si vous ne voulez pas faire payer aux autres cette "mémoire réactivée".

Vous êtes dans une jungle différente de celle de vos ancêtres "cro-magnons". Aujourd'hui elle est plus sophistiquée, complexe et inhibitrice de vos pulsions. Or, face à un événement dérangeant, l'organisme va mettre en place **un scénario disproportionné par rapport à la situation réelle**. Le corps s'organise comme s'il allait frapper à coup de massue votre vis-à-vis ou fuir à toutes jambes. Vous avez déjà entendu la réflexion suivante : *"Ta réaction est complètement disproportionnée !".* C'est le primitif en vous qui a surgi dans un contexte totalement différent. L'extérieur a évolué beaucoup plus vite que la physiologie ou la psychologie.

L'émotion est également naïve car elle se construit dans les premiers mois de la vie pour s'engranger dans les premiers circuits nerveux. Par exemple : vous laissez un bébé seul dans le jardin et juste à ce moment-là votre chat en profite pour sauter sur la table du jardin sous son nez ; surpris, il va pousser un cri et se mettre à pleurer. À cet âge, cela signifie une toute première connexion neuronale qui deviendra le "chemin le plus fréquenté" pour ce type d'émotion et sera renforcé jusqu'à éventuellement créer une phobie des chats à l'âge adulte. C'est disproportionné mais vous avez certainement déjà entendu l'expression : *"Là, tu réagis vraiment comme un gamin !".* Si la mère n'a pas rapidement rassuré l'enfant (c'est une fonction essentielle en début de vie), l'expérience va se transformer en représentation mentale négative, en croyance qui limite dans la vie, suscitant ainsi des émotions primaires et naïves. Nous nous en défendons en nous écriant que nous sommes spontanés. **Nous sommes malheureusement bien souvent très sincères dans l'erreur**, c'est pour cela que le discours : *"Je ne fais que ce que je sens profondément"*, n'est pas toujours aussi fiable qu'il y paraît ! Il faudrait pour cela s'être débarrassé de pas mal de conditionnements. Avoir le courage de regarder en face cette partie conditionnée de nous-mêmes peut nous permettre une vie affective non dépendante, ajustée et créatrice.

Ni disproportionnée, ni enfantine ou primitive ta réaction deviendra action ajustée en glissant une graine de conscience dans cette fameuse spontanéité qui te piège. Sportif de la vie, entraîne-toi aux réflexes qui te feront passer de la répétition au saut créateur dans tes relations.

Votre sang n'a fait qu'un tour, lorsque vous avez vu cette personne donner deux claques à son enfant et lui faire violence verbale. Quelque chose vous a envahi, est remontée, un coup de chaleur, les mains moites, un bouillonnement intérieur... **vraiment ça vous "gonfle" !** Vous pouvez attraper la personne par l'épaule et piégé par votre cromagnon, une altercation stérile va tourner à l'affrontement. Mais peut-être êtes-vous du style où **ce genre de situation va vous "bouffer" !** Votre énergie est alors comme aspirée, vos jambes flageolent, vous devenez tout pâle, vous vous fermez, quelque chose reste coincé au travers de votre gorge. Vous êtes tellement "ulcéré" par la situation que les bras vous en tombent, vous ne pouvez plus rien faire, seulement fabriquer une violence intérieure, des acides sur vos muqueuses. Tout ce qui ne s'exprime pas s'imprime !

Retourner le mouvement qui veut surgir contre soi est bien souvent la solution apprise dans une culture d'inhibition de l'action. Vous ne pouvez pas non plus donner un coup de massue à votre patron qui crie après vous ou fuir à toute vitesse dans les couloirs de votre entreprise. Vous vous contenez, vous êtes poli, vous faites ce qu'il faut !

Le R.D.I. ou le Réflexe de Détente Immédiate... en situation de STRESS. Répéter avec toutes ses capacités mentales, émotionnelles et physiques un "geste juste", comme un service en tennis, permet au joueur de mobiliser les bonnes ressources, au bon moment, au sein d'un événement chargé d'émotion et de stress.

La vie est un sport magnifique, une véritable course d'obstacles qui sont autant de défis que vous pouvez vivre dans la légèreté à condition de larguer les empêcheurs d'être au fur et à mesure.

Le Réflexe de Détente Immédiate au quotidien est une des meilleures choses qui puisse arriver dans la vie. Au fond de la coupe représentée par votre bassin existe un espace relationnel extraordinaire : le périnée (le père inné !). Les muscles périnéaux sont le relais du diaphragme pour transmettre le souffle au bas du corps et favorisent l'irrigation liquidienne. C'est là que l'enfant choisit de naître au monde et que les Orientaux définissent le centre de confiance, situent le premier chakra, centre énergétique, source de vie. Cet espace, surtout dans notre culture occidentale, a très peu été conscientisé sauf dans les exercices favorisant un bon accouchement.

Exercice : **le R.D.I.**
Réflexe de Détente Immédiate

Tu peux ressentir les muscles périnéaux :

1. En faisant le geste plusieurs fois de te retenir d'uriner et en relâchant profondément le double de temps.

2. En serrant les fesses et la région anale et en détendant.

3. Place la douceur du souffle dans ces espaces.

Quand cette phase est acquise, debout, bien centré, prends une inspiration à fond, place la main gauche ouverte devant toi et ferme ton poing très fort en même temps que le fond de ton bassin, retenant le souffle quelques secondes et expire doucement en desserrant en même temps la main et le périnée avec la sensation de t'épanouir.

Tu pourras ainsi visualiser la main qui s'ouvre dans la coupe du bassin en situation de stress.

Tu peux prendre l'image d'une fleur qui s'ouvre et s'épanouit, si cela t'aide. L'émotion, qui voulait t'amener vers le haut et la périphérie, redescend alors dans le creuset de la confiance. Tu peux alors, depuis ce lieu, décider lucidement de la réponse appropriée. À présent, ce réflexe acquis, encadre ton émotion non-ajustée entre cette détente profonde et l'inspiration (qui va s'appuyer dans le fond du ventre) pour te faire humer par le nez… et prendre une décision lucide. Si tu es en survie émotionnelle, ta bouche va s'ouvrir et se refermer comme un poisson hors de

l'eau. Si tu humes par le nez en t'appuyant sur ton périnée, tu stimules tes fonctions d'éveil et de lucidité. Ton intelligence s'appuie sur ta profondeur et ton bon sens. Ta réponse verbale sera alors dans le bon ton de voix, non réactive. Au lieu de réagir, tu vas intervenir à l'aide d'une réponse adaptée.

Tant que vous êtes dans l'émotivité, les intestins sont tendus et les luttes intestines font barrage au souffle naturel qui devrait habiter le fond de votre ventre. **Il y a dans les parois intestinales des cellules que l'on retrouve dans le cerveau.** À chaque changement d'humeur, les intestins réagissent (tension, constipation, diarrhée, colique). Les poussées émotionnelles contenues peuvent même, selon le Dr Soulier, spécialiste de décodage psychobiologique des maladies, créer ces fameux diverticules qui tentent de vous dire : "*lâche, laisse aller, cesse de résister aux pressions extérieures, exprime-toi !*". Nos "tripes" représentent une véritable cartographie des états émotionnels. **Le réflexe de détente immédiate, en ce sens, représente l'acte salutaire pour réinformer petit à petit, par voie réflexe, qu'une autre posture intérieure est possible.** Exercez-vous d'abord à chaque coup de klaxon que vous entendrez ou placez une montre à bip horaire à votre poignet. À chaque son-surprise, relâchez totalement le fond de vous-même en visualisant le poing qui se desserre et la main qui s'ouvre lentement, telle une fleur qui s'épanouit. Retrouvez la douceur du souffle en bas. Vous allez vous apercevoir à quel point vous êtes serré en permanence, sur le qui-vive et loin de la sérénité nécessaire à votre vie relationnelle. Vous étiez déjà prêt à monter en pression !

Reprenons l'exemple de cette personne qui frappe un enfant. Le réflexe de détente immédiate entraîné avec les coups de klaxon va aussitôt se déclencher, en même temps que l'émotion qui tente de vous envahir complètement. Vous descendez en vous et un jeu d'équilibre se produit entre la montée émotionnelle et votre réflexe R.D.I. Vous pouvez accepter l'émotion tout en vous relâchant au bon endroit. Vous dilatez cet espace en inspirant, vous humez par le nez **afin que votre mental reste clair, ceci en une seconde : lâchez-prise, humez et décidez**. Vous allez pouvoir en effet prendre position sur ce qui vous semble juste à cet instant. Cela peut être : *"Je n'ai pas à me mêler de cette histoire qui réactive trop de choses en moi, je passe !"* ou : *"J'alerte un gardien de la paix qui se trouve à proximité, c'est sa fonction"* ou encore : *"Je vais me confronter à cette personne et lui dire ce que j'en pense avec l'énergie du calme qui m'habite"*. Le plus important est que **cette décision ne soit plus une réaction mais une véritable action, lucide et respectueuse**. C'est un positionnement relationnel du quotidien extrêmement important qui désarme votre violence personnelle. Entraînez-vous, vous passerez plus paisiblement les obstacles de la vie.

Comment, par quels moyens vas-tu mettre en place le R.D.I. ?

9e attention relationnelle :
LA TRACE ÉMOTIONNELLE

Nous l'avons vu, toute émotion répétée ou renforcée, au lieu de s'effacer, diminuera d'intensité mais gagnera en durée et en profondeur ; c'est l'émergence progressive d'un sentiment quel que soit son vécu positif ou négatif. La colère intense liée à une trahison traversera des étapes naturelles, elle mènera certaines personnes six mois ou trois ans plus tard à garder un sentiment de rancune qui perdure et empoisonne la vie. Un événement relationnel peut être source d'un choc émotionnel, lorsque ce dernier n'est pas transformé rapidement par le R.D.I., la décision et la parole ajustée. Ce mouvement continuera à disperser votre énergie jusqu'à sa résolution. Il est important maintenant d'apprendre à se connaître dans les étapes qui se succèdent après une situation conflictuelle source d'émotion.

Écoutons notre entraîneur de vie :

La vie tente de t'entraîner
vers un chemin de cœur.
Au milieu de tous ces pas lumineux,
des traces sombres te confrontent.
Apprends à mieux les accueillir.
Ce chemin deviendra maturité.

La personne, en qui vous aviez confiance commet un acte que vous filtrez et interprétez comme une trahison qui vous met en état de choc. Vos mémoires vous font prendre le chemin le plus fréquenté avec votre tempérament de base irritable et grincheux, à savoir un accès de colère... ou une inflammation de la peau. Si vous continuez à suivre la cible de départ sur laquelle nous nous repérons ensemble, vous risquez de rentrer dans la zone pathologique de l'émotion-violence : agresser cette personne ou agresser-ulcérer vos muqueuses.

Ces informations engrammées dans votre nouvelle mémoire feront que l'effet durée prendra le relais en passant par plusieurs étapes : **l'abattement et la tristesse peuvent s'installer pendant une période**. Sachez qu'à ce moment-là, si votre part de lucidité est présente, vous vous rappellerez que votre organisme est en train de se réparer. Il s'agit là de vous respecter, vous donner du temps, du sommeil, une bonne nourriture et de vous entourer de personnes stimulantes. Reprenant du "poil de la bête", **une nouvelle phase pourra surgir où vous nierez ce qui s'est passé** : *"Non, c'est pas possible ! Cette situation n'a pas pu se passer, il n'a pas pu faire cela, c'est impossible !"*. Cette phase de refus est normale et salutaire pour vous rééquilibrer psychiquement, après un choc émotionnel. Vivez-la telle quelle mais en vous rappelant que c'est une phase intermédiaire. Vous passerez ensuite assez vite dans **une période de marchandage avec cette réalité** : vous allez négocier, discuter habilement pour tenter de retrouver le pouvoir perdu. Vivez cela également mais écoutez cette petite partie de vous-même qui vous dit, à chaque étape : *"Tu sais très bien au fond, ne sois pas dupe, c'est un passage, ça se remet en ordre, patience !"*.

Une nouvelle étape peut alors surgir, de peur de l'avenir, d'insécurité, vous êtes face à vous-même et vous commencez à devenir "adulte", à vous détacher de l'enfant qui crie et de la victime en vous. C'est une sorte de no man's land, de vide existentiel, l'exercice de la maturité, un "beau moment" dans la crise. **Cette étape peut être précédée ou suivie d'un temps d'euphorie** (voir zone pathologique de la joie) où vous allez "vivre votre vie" et faire "n'importe quoi !", vous lâcher pendant un moment et retrouver vos besoins, vos pulsions mais souvent de manière exagérée. C'est cependant salutaire car vous recouvrez la santé. Vous avez la pêche car vous êtes totalement relié à vos désirs. **Mais un sentiment d'incomplétude viendra vite vous rattraper et la phase de réflexion sur le sens de votre vie réapparaîtra avant la phase finale d'acceptation totale de la situation-source**, le pardon si nécessaire et le véritable lâcher-prise. Toute votre énergie créatrice sera alors à votre disposition pour construire les relations avec la force de la paix et de la joie. Méditez ce scénario car il se répète si souvent à votre insu ! Bien sûr, il peut se dérouler dans un ordre totalement différent. Votre cycle de guérison est unique !

L'entraîneur de vie vous propose donc un exercice simple.

Exercice : **le cycle émotionnel**

Pendant une année, tiens un carnet qui te permettra de reconnaître le cycle privilégié que tu empruntes après chaque choc affectif. Ce cycle peut durer une journée après une simple remontrance ou un an, voire plus après une trahison ou une injustice. Note les sentiments que tu traverses et leurs durées. Observe avec curiosité ce chemin de cœur que la vie te fait prendre. Ta liberté est de le suivre ou non, vois la différence ! Tu réduiras largement le temps de ces étapes et certaines deviendront quasi inutiles lorsque tu grandiras en maturité.

Dans quelle phase du cycle es-tu en ce moment même ? Quelle est la situation-source ? Quand achètes-tu ton carnet ?

10e attention relationnelle : **L'INACCEPTABLE ET LA MATURITÉ**

Si nous nous élevons encore dans cette ascension émotionnelle, nous sommes alors hors cible et nous rencontrons là ce que K.G. Dürckheim[1] appelle l'inacceptable. Sur le chemin qui mène de l'adulte à la personne mûre, la vie nous place en face de trois grands moments incontournables. Se "frotter" à ces rencontres est source de transformation profonde sur le plan de l'être. D'où l'importance de s'initier aux lois qui régissent notre profondeur comme nous le verrons dans le 4e guide sur "la merveilleuse sagesse de l'être". **Sur le plan émotionnel, toutes les techniques s'arrêtent au seuil de l'inacceptable.**

Écoutons ensemble l'entraîneur de vie et continuons à progresser par ses invitations au changement.

Tu rencontres dans ta vie exactement ce qu'il te faut pour t'inviter à grandir. Les trois inacceptables que sont la solitude, l'absurde et la mort te placent dans le fond de la relation aux autres et à la vie.

Le petit Pierre vient de voir son petit chat se faire écraser sous les roues de la voiture de papa, qui s'en va au travail. Tout à coup, cette rencontre brutale avec la mort le submerge d'une émotion puissante, inconnue jusqu'alors. Sa mère a beau le consoler, c'est tellement inconcevable, inacceptable... qu'il est dépassé par ce mouvement... de vie !

Les premières confrontations à la mort peuvent être brutales ! Dans ce cas, inutile de vouloir interrompre l'émotion ou d'expliquer. Comme vous l'en-

1. *Docteur en philosophie et en psychologie, auteur d'une trentaine d'ouvrages traduits en français.*

tendez dire souvent : *"Quand on est dedans, on est dedans !"*. **Seule une présence bienveillante, voire d'amour est nécessaire**. C'est au fil de la vie que la mort prend son sens. Le contraire de la mort n'est pas la vie... mais bien la naissance. Le choix des bons opposés est essentiel. L'expérience de ce qui disparaît, se détache, a pour fonction la co-naissance ! : "co-naître avec", ce qui meurt et renaît à chaque instant. Mais vous ne le saurez profondément qu'à un certain degré de maturité et d'expérience de la vie. Sur le moment c'est violent, cela vous "arrache" aux croyances que l'existence est stable. *"Tout passe"*... comme l'expriment les sages orientaux ; lorsque vous réalisez cela au fond de votre être et non pas intellectuellement, l'émotion change de nature et un équilibre se crée entre une profonde tristesse bien humaine et le sentiment positif produit par le sens de ce passage.

Vous avez par ailleurs déjà senti à quel point, lorsque "vous êtes quitté", que la personne aimée a rompu, l'absurdité vous envahit : *"Cela n'a aucun sens, pourquoi cela m'arrive-t-il à moi ?"*. Cet événement, vous ne pourrez le conscientiser que bien plus tard, le jour où vous découvrirez qu'il vous a permis de devenir un meilleur compagnon ou compagne, plus aimant, plus respectueux (s'il n'y a pas de prise de conscience, l'absurde se répètera sur ce même registre). **La fonction de l'absurde est de donner du sens !** De même lorsqu'une profonde solitude s'empare de vous au moment où vous réalisez que vous êtes isolé, comme par exemple lorsque vous vous trouvez écarté du clan ou incarcéré en prison, la force de l'inacceptable vient encore vous trans-former. Certains écrits de prisonniers montrent à quel point la solitude est au fond une illusion : *"Nous nous isolons nous-mêmes petit à petit !"*. Ceci est brutal mais essentiel à voir en face. Les lettres de personnes enfermées démontrent au fur et à mesure comment nous sommes de toute manière "reliés". **La fonction**

de la solitude est l'accès à la présence. Peu à peu surgit du fond de la personne (athée ou croyante) une "reliance" à l'au-delà de la solitude, le sentiment de la présence qui se manifeste par de tout petits "riens" : une ambiance particulière, une fourmi qui passe avec son chargement, un rayon de soleil qui étincelle sur le barreau de la lucarne. Cette façon d'être est magnifiquement exprimée dans l'ouvrage de Le Clézio, *Un inconnu sur la Terre*. C'est là une toute nouvelle relation à ce qui est.

Que ce soit la mort source de co-naissance, l'absurde créateur de sens ou la solitude dévoilant la présence, nous sommes loin du réflexe de détente immédiate, de la souplesse émotionnelle ou du cycle émotionnel ! Et pourtant ! Cette connaissance progressive de soi-même est un chemin d'apprivoisement qui apaisera votre relation aux événements. Avant d'aller à la conquête du monde, ouvrez vos mondes intérieurs, vous découvrirez alors... l'autre.

À présent, apprends à ni accepter, ni refuser ce qui te bouleverse, C'EST !
Cela est la réalité, tu mûris.

Exercice : Retrouve les événements relationnels qui t'ont bouleversé, t'ont paru inacceptables et sur lesquels tu as du recul. Cela t'a-t-il apporté une nouvelle manière d'être, donné un autre sens à tes relations, une co-naissance plus aiguë du mouvement permanent de renaissance ? Prends le temps d'écrire ce qui veut bien surgir et soupèse ainsi ton niveau de maturité relationnelle.

Commence maintenant,à écrire sur ton carnet un souvenir d'événement bouleversant, inacceptable... et reconnais le changement de maturité qu'il a produit pour toi.

"Le cœur est la source de toutes les erreurs dont nous avons besoin."
B. de Fontenelle

Chapitre 3.

"Aimer un étranger comme soi-même implique comme contrepartie s'aimer soi-même comme un étranger."
Simone Weil

S'ENTENDRE SANS SE TENDRE, ÊTRE CLAIR DANS SES RELATIONS

Remis de vos émotions et lucide sur votre langage corporel, ce nouveau chapitre vous entraînera à la découverte plus consciente de votre façon d'être, qui est sous influence et conduit spontanément votre existence. **Vous verrez que cinq principaux "passagers clandestins" conduisent bien souvent à votre place** et les comprendre sera votre nouveau défi grâce à l'entraîneur de vie. Bien sûr, ce ne sont que des grilles de lecture imparfaites, c'est pour cela qu'il est important de prendre conscience par vous-même de votre propre grille, de vos "passagers clandestins", pour enfin accepter d'en déposer certains, de continuer avec d'autres, d'en inviter consciemment de nouveaux et être, pour de bon, maître de votre direction. Ce n'est pas là un chemin centré seulement sur soi puisque l'intention est de se libérer justement de ce qui empêche un accès direct aux autres. En attendant, voici une direction... assistée qui vous invite à être toujours plus clair ! Ainsi vous trouverez, décomposée, une méthode essentielle de rappel pour être toujours plus précis avec autrui dans la deuxième partie de ce chapitre. Vous pourrez alors explorer l'univers le plus délicat, le plus mystérieux mais incontournable quelque soit votre vie : la rencontre du masculin, du féminin et la relation au couple dans le chapitre suivant. Tout ceci concerne l'apprentissage le plus passionnant que vous puissiez trouver puisque l'enjeu est formidable : des relations plus ajustées, plus respectueuses et plus aimantes ! C'est toute votre vie qui peut en être transformée de manière magnifique !

Faisons ensemble le lien avec la grande émotion source de la plupart de nos problèmes relationnels : la peur.

Chacune de vos relations peut réactiver la ou les peurs initiales qui se sont structurées pendant l'enfance. Les scénarios répétitifs tentent de vous alerter à des moments très précis de votre vie, sans doute parce que vous êtes prêt à entendre un peu plus à ce moment-là ! Ces peurs vous structurent et influent sur votre clarté relationnelle. Des comportements d'évitement et de protection vont vous permettre de survivre à ces peurs. Ceci est légitime dans une certaine mesure mais bien souvent vous allez vous trouver en position d'échec et de frustration dans votre vie relationnelle.

Sylvie F. est plutôt du style garçon manqué et après une jeunesse plutôt agréable, voici cette jeune fille aux prises avec des difficultés psychosomatiques et relationnelles : un eczéma sur la peau et plusieurs ruptures avec ses partenaires. Sylvie se souvient qu'étant petite, elle craignait de rester seule ou de se perdre : *"J'étais terrifiée à l'idée de me retrouver dans cette grande maison, alors que mes parents s'absentaient parfois pour une heure seulement. Pourtant, ils ne cessaient de me répéter : sois courageuse, dans la vie tu seras seule ! Aujourd'hui lorsque mon ami Luc s'en va en mission, je retrouve la même terreur au fond de moi"*. Sylvie m'apprend un peu plus tard que ses parents voulaient absolument un garçon. Elle réalise que sa jeunesse a été totalement conforme à ce désir jusqu'à ce qu'elle prenne son indépendance et qu'elle s'éloigne géographiquement. Le miroir de l'autre, ses partenaires, lui envoient son reflet de plein fouet. Fidèle inconsciente de ce message initial, apposé à la peur de l'abandon, chacun de ses compagnons fuyait au bout d'un moment cette situation intenable : *"Je devenais dominante,* explique Sylvie, *avec mon loock très mec, mes anciens partenaires ne trouvaient pas la féminité qu'ils avaient entrevue dans la séduction du début. Je créais en plus une atmosphère oppressante par ma peur d'être abandonnée. J'utilisais toutes les stratégies possibles pour retenir celui que j'aimais ou croyais aimer"*. Après un long travail personnel, Sylvie a récupéré son vrai corps de jeune femme, elle s'est re-incarnée et s'est délivrée de cette fidélité invivable. **Quant à son eczéma, problème lié à la peur de la séparation et de l'amour en général, il cessa de s'enflammer au fur et à mesure que nous mettions en lumière, en sens, son histoire**. Sa peur de la rupture est toujours là mais elle ne pèse plus ni sur elle, ni sur l'autre. Son ami Luc s'est engagé dans une démarche personnelle, car toute cette histoire a réveillé ses propres maux. La relation est en guérison, la manière de s'aimer en pleine croissance.

11e attention relationnelle : **LA TRAVERSÉE DES PEURS**

La relation est révélatrice de vos peurs. L'entraîneur de vie les a synthétisées dans le tableau qui suit. Plusieurs peurs initiales peuvent se combiner. Associées à un ou deux messages de fidélité inconscients, vous vous protégerez et vous éviterez toutes les propositions de vie qui vous feraient grandir. Prenez profondément conscience de ce phénomène pour aborder les exercices qui ponctuent cet ouvrage et qui vous aideront, si vous en avez le désir, à reconquérir votre intégrité. Ils pourront être complémentaires d'un accompagnement pertinent si nécessaire.

Le regard accusateur ne fait que pointer le doigt sur la peur initiale qui habite cet homme.

Certaines souffrances nous placent hors relation.

Sous le manteau de la souffrance, cette jeune femme enfouit sa honte, image fugace du désespoir, qui bloque l'émergence d'un geste, d'une parole vers la relation.

Exercice :

1. Trouve et note ta (ou tes) peur initiale, ressens-la, éprouve-la, laisse les images remonter.

2. Trouve et note tes paroles ou les agissements qui ont modelé tes réponses à la vie. Ce sont les messages de fidélité, je t'invite à t'en libérer, s'ils sont nuisibles à ton intégrité.

3. Observe et note tes comportements de protection qui te permettent d'éviter de te confronter à la vie.

Une fois que tu as fait les liens entre les trois, mets en place un processus de décision (1er livre de la collection, *Oser décider*) et écris ton objectif clairement, ce sera ton entraînement de vie. Ose alors prendre des risques progressifs.

12e attention relationnelle : **TRANSFORMER SES "LOGICIELS INTÉGRÉS"**

Ta clarté relationnelle est le terreau de la confiance réciproque. C'est ta chance de cultiver intégrité et courage pour oser t'ex-poser en face de ta première difficulté.

Être clair : c'est te donner la permission d'être à la fois fragile (en acceptant d'exprimer les émotions, les ressentis, les aspects négatifs de toi-même) et solide (pour exprimer ce que tu dois dire au risque de ne plus être aimé, apprécié ou reconnu). C'est également une capacité de vérité qui doit se révéler au bon moment avec justesse.

C'est pour cela que la première lettre du mot C.L.A.I.R. correspond à Conscience sans laquelle toute relation ne serait pas évolutive. Vous verrez que chaque lettre sera en rapport avec des mots qui vous permettront de vous ajuster un peu plus pour trouver cette clarté que tout le monde souhaite chez l'autre en voyant rarement sa propre opacité !

Dans tout acte relationnel qu'est-ce qui vous guide ? Est-ce l'habitude, le conditionnement ou votre propre intérêt ? Votre défiance naturelle ou votre confiance aveugle ? Votre côté sauveur ou tyrannique ? Qui est véritablement là !? La personne en vous crispée, fermée, retranchée dans son for intérieur ou

PEUR INITIALE événement d'origine à conscientiser	**MESSAGE DE FIDÉLITÉ POSSIBLE**
D'être abandonné	*"De toute façon, ça ne dure jamais, il ou elle te quittera un jour ou l'autre !". "Ma petite, dans la vie, tu seras toujours seule pour faire face". "Ne fais confiance à personne".*
De s'incarner , d'ex-ister (sortir de l'Être)	*"Ton corps, c'est pas important, c'est l'esprit qui fait tout !". "Tu es nul, t'arriveras à rien !". "Te fais pas avoir, la société est pourrie, vis au jour le jour". "De toute façon, t'as pas été gâté par la nature".*
Du changement, de la remise en cause	*"Reste bien comme tu es, mon garçon, ne change pas !". "La vie c'est comme ça, on y peut rien !". "Tu vois, j'ai toujours raison... prends exemple !".*
De la mort, de la fragilité	*"Ne perds pas un instant, la vie est courte !". "Sois fort, les faibles sont toujours éliminés ! "Ne te relâche pas, sois sur le qui -vive avec ton mari".*
De vivre	*"La vie est dure, sache-le c'est pas une partie de plaisir". "Fais comme moi : travaille, élève tes enfants et t'auras fait ton devoir".*

Ce tableau repère est conçu pour t'aider à voir clair dans ce qui peut te jouer aujourd'hui, inconsciemment.

PROTECTION Mise en sécurité, évitements	**ENTRAÎNEMENT** **DE VIE**
Se protéger en évitant la confrontation. S'isoler par peur de la rupture. Nier l'émotion. Se nier dans la relation.	S'entraîner au détachement, prendre des risques progressifs pour oser s'exposer dans les relations. S'affirmer en tant que personne.
Nier le corps que "je suis", partir dans un "ailleurs", hors le monde du concret. Éviter les contraintes.	S'entraîner à habiter son corps, à nourrir son ego, sa personnalité. Entrer dans le concret, le quotidien de la vie. La relation est dense et palpable.
Camper sur ses certitudes. Éviter ce qui devient dérangeant et garder le contrôle.	S'entraîner au lâcher-prise, à écouter. Reconnaître les étapes du changement. Toute relation est évolutive.
Éviter les "vides", remplir sa vie de compensations, être dans une sur-tension, un pseudo pouvoir sur la vie et la mort.	S'entraîner au silence, à la relaxation profonde, perdre sa toute puissance, mieux connaître ses limites. Toute relation a une (des) expiration.
Éviter de s'exposer à l'inconnu, à ce qui pourrait me toucher. Maintenir les crispations, accroché au connu.	S'entraîner à la créativité, au contact avec la nature, à la reconnaissance des petites naissances. Oser prendre des risques. Toute relation durable est renouvelée.

bien quelqu’un d’ouvert, accueillant, fluide mais assumé ?

La relation exige une conscience d’"être là" sans pour autant devenir une tension surveillante. Dans tout apprentissage, il y a une période d’entraînement avant d’acquérir les bons réflexes. Ils vous permettront de passer naturellement du "faire" à l’attention détendue dans votre quotidien familial. Mais le sens et l’intention seront les guides car sans cela vous aboutiriez à une mécanique relationnelle sans âme, même si elle est techniquement juste. J’ai déjà rencontré ce phénomène dans certains milieux, ne tombez pas dans ce piège.

Quelles sont les valeurs (pas celles que l’on t’a inculqué seulement !) **sur lesquelles tu vas fonder la qualité de tes relations ?** Si ces valeurs sont vivantes et cultivées, tu verras que tous tes moments de fragilité seront mieux assumés. Pas excusés mais assumés ! Ceci est essentiel à comprendre : si tu as un bon gouvernail et du souffle pour te guider, tes détours seront le signe de ton humanité au lieu d’être l’errance inconsciente qui mènera la barque dans ta vie.

Quelle est votre motivation pour faire vivre : des signes de respect, tolérance, réciprocité, complicité, apaisement, clarté, attention ?

Pourquoi feriez-vous cela, au fond ? Qu’est-ce que cela vous apporterait ? Qu’est-ce que cela vous ferait perdre comme façon d’être avec les autres ? Avant d’être clair avec l’autre, soyez clair avec vous-même !

Vous êtes une personne sous influence, prenez profondément conscience de cela pour savoir que vous êtes également profondément libre. Du courage, il vous en faudra pour sortir de vos "logiciels" intégrés. Ils se déclenchent automatiquement dès que vous vous mettez en relation, grâce aux données qui ont parfaitement bien fonctionné lors de votre enfance, des milieux que vous avez fréquentés. Lorsqu'elles seront réactivées par telle ou telle personne, une situation précise, vous allez vous conformer à votre "programme". Vous y serez fidèle inconsciemment. Les conseils, remontrances, injonctions, promesses, menaces, récompenses, chantages, proverbes ou phrases toutes faites (par exemple : *"une jeune fille doit toujours bien se tenir, un garçon ne pleure pas, tu es l'aîné tu dois y arriver, tu dois faire ce que te dit ta mère..."*) vont tenter de s'imposer à la conscience comme réponse relationnelle prioritaire. Oui, il est tout à fait possible de voir ces émergences en face. Cela se traduit par des re-actions, des actes qui se rejouent sans cesse et brouillent toutes les relations. Pour illustrer cela, inspirons-nous des travaux T. Kähler, spécialiste de la psychologie du comportement, qui a mis à jour nos principaux "logiciels intégrés". Ils vous font survivre et réagir au lieu de vivre et agir lucidement. Vous dosez plus ou moins heureusement ces informations mais certains héritages-programmes sont devenus de véritables virus. Alors, l'entraîneur de vie vous propose de mieux connaître vos logiciels et de vous doter d'un bon programme anti-virus.

Reconnais-toi ! Voici les cinq logiciels intégrés à ta personne et leurs anti-virus :

1er logiciel : "Fais-moi plaisir"

> **Magali Dévouée** est merveilleuse, elle sourit en permanence, toujours disponible et aimable. Petite, elle ne refusait jamais la petite cuillérée pour maman, pour papa... Elle sait qu'il ne faut jamais dire non, ce serait de l'égoïsme si elle exprimait son vrai ressenti ou encore elle "lui" ferait de la

peine, ça ne vaut pas le coup ! Elle s'adapte ou plutôt a appris à faire avec et ne veut pas gêner. C'est tellement agréable de sentir l'autre bien ! Magali Dévouée est une vraie éponge et absorbe facilement les souffrances individuelles et collectives autant que les bonheurs. C'est un état confusionnel qui amalgame un peu tout de telle manière que sa vie devient grisâtre petit à petit. Mais Magali Dévouée a des problèmes intestinaux ou de peau. Elle n'en parle à personne car on croirait qu'elle se plaint toujours. Elle confond attention à l'autre et sacrifice. Elle se nie !

Si tu reconnais au moins trois attitudes de vie dans ce schéma, vas vite te doter de l'antivirus correspondant :

1. **Vois et accepte totalement qui est "en toi" !** Cela t'a servi à survivre et à pas si mal te débrouiller. Ces éléments sont aussi de grandes qualités quand ils ne te jouent pas.
2. **Cela ne t'est peut-être plus utile aujourd'hui**. Donne-toi la permission de trouver le logiciel adapté à ta motivation réelle. Cesse de te nier, redresse-toi et existe !... en gardant ce qui reste ajusté dans ton jeu.
3. **Mets en place ton anti-virus** : Respecte-toi. Écoute tes besoins. Ose exprimer ton ressenti et tes émotions. Souris seulement quand tu en as vraiment envie. Ose dire non... pour mieux dire oui. Donne des limites claires à l'autre et trie, sépare ce que tu avais tendance à amalgamer. Arrête de plaire pour mieux t'assumer. Travaille ta voix pour un peu plus de force et de clarté.

Les points 1. et 2. sont valables pour toutes les mises en place des anti-virus, c'est pourquoi il n'y aura que l'information du point 3. qui sera présentée pour les autres exemples.

2e logiciel : "Sois parfait !"

Gontran Perfecto est bien sage, il se tient bien droit pour manger sa purée, s'est bien lavé les mains avant et sait déjà comment tenir sa fourchette. Une expression sérieuse se lit déjà sur son visage de bébé. Il aura fallu être le premier en classe (être le deuxième est vraiment un échec !), réussir le concours "sans faute" puis accéder à un poste fait sur mesure. C'est bien ou c'est mal, surtout éviter de faire des bêtises, de se lâcher mais garder son sérieux, sa rectitude, son perfectionnisme, sa fameuse intégrité à toute épreuve. Gontran Perfecto peut devenir un véritable filtre qui ne laisse rien passer. Il retient surtout ce qui ne va pas... et c'est très décourageant pour son entourage qui a l'impression d'être vraiment ignare. Sous cette cuirasse Gontran Perfecto est ulcéré et son estomac crie toujours un peu plus fort. Pour les autres tout va bien, on peut compter sur lui : rigueur, précision, morale, etc., sauf ses vrais amis ou intimes qui le trouvent... vraiment trop parfait et s'ennuient en sa présence. Et la vie dans tout cela ? Gontran Perfecto confond la capacité d'exigence personnelle avec une attitude devenue quasi psycho-igide.

Si tu reconnais au moins trois attitudes de vie dans ce schéma, vas vite te doter de l'anti-virus correspondant :

Reviens aux points :

1. et 2. du 1er logiciel avant de réfléchir sur ton antivirus.

3. **Mets en place ton anti-virus** : Tu as le droit de faire des erreurs. Accepte tes limites. Ose montrer une fragilité... une autre... puis une autre... en t'appuyant sur tes qualités. Ose faire une bêtise et... en rire ! Parle et agis avec plus de simplicité. Commence à écouter et essaies de retenir "ta" bonne réponse. Intéresse-toi, questionne l'autre et

sois plus concis quand tu réponds. Trouve ton humanisme et prends soin de toi. Inscris-toi à un cours d'humour et ensuite trouve ton propre style. Enfin, regarde et retiens toutes les bonnes choses qui existent dans ton entourage... mais ne prends pas tout ça comme une nouvelle exigence à réussir parfaitement !

3e logiciel : "Fais des efforts"

Henri Bossdur se donne beaucoup de mal pour finir son assiette. Ce beau bébé peut vraiment mieux faire, il faut stimuler ses potentiels ! Allez... encore un effort... tu vas marcher avant le petit voisin, vas-y, tu peux ! Plus tard, Henri Bossdur ne sera surtout pas un fainéant car il faut gagner sa vie et réussir à la sueur de son front ! Il surdéveloppera pour cela des qualités de ténacité, de dépassement de soi, de remise en cause et d'humilité qui finiront par lui jouer des tours. Il prendra sur lui, accumulera des kg ou se "bouffera" de l'intérieur. Un jour, la goutte fera déborder le vase, lui causera des problèmes urinaires, ses surrénales déclareront forfait ou encore il s'évanouira dans le TGV en relisant son dernier rapport. Henri Bossdur a bien sûr ramené ce qu'il faut pour s'occuper pendant le week-end et sa famille a depuis longtemps compris qu'il leur fallait vivre "à côté" de lui.

Si tu reconnais au moins trois attitudes de vie dans ce schéma, vas vite te doter de l'anti-virus correspondant :

Reviens aux points :

1. et 2. du 1er logiciel avant de réfléchir sur ton antivirus.

3. **Mets en place ton anti-virus** : Tu es capable de réussir avec un peu d'effort et beaucoup de plaisir ! Tu as le droit de te détendre et de prendre

soin de toi et de tes proches. Attention, tu risques encore de faire des efforts… pour te détendre ! Cultive l'abandon en faisant la planche, les bras ouverts dans l'eau par exemple. Quand tu t'exprimes, sois attentif aux silences et parle plus lentement. Ralentis ta marche… en bout de course tu arriveras au même endroit que ton voisin ! Fixe-toi des objectifs stimulants mais toujours en descendant la barre d'un cran. Tu constateras que c'était largement suffisant !

4e logiciel : "Sois fort"

Martial Fortiche ravale ses larmes devant son assiette où trône un morceau de viande qu'il "doit" absolument finir. "Un petit garçon ne pleure pas pour si peu, tu es grand maintenant, tu es fort… tu vas manger… et tu seras encore plus fort !" Martial Fortiche se donne beaucoup de mal… pour mieux faire et rester fidèle à ce qu'on attend de lui. Ce n'est pas une mauviette, lui… il ne cèdera pas, il ne se laissera pas doubler, il a une volonté de fer (faire !). Martial Fortiche a donc surdéveloppé son courage, la maîtrise ou plutôt le contrôle de ses émotions, son esprit de décision et son autorité. Au risque de créer une rupture affective avec les autres, de s'isoler dans son comportement macho et vainqueur. Un vrai barrage ce Martial Fortiche ! Il sait se contrôler. Direct, comme on dit, il peut aussi tout déverser, comme un torrent, le bon comme le mauvais ! Il contiendra tous les signes psychosomatiques… jusqu'à mûrir une maladie grave vers la fin de vie… quand il n'aura plus rien à prouver ! La vie aura rattrapé en "fin de compte" Martial Fortiche.

Si tu reconnais au moins trois attitudes de vie dans ce schéma vas vite te doter de l'anti-virus correspondant :

Reviens aux points :

1. et 2. du 1er logiciel avant de réfléchir sur ton antivirus.
3. **Mets en place ton anti-virus** : Tu as tout à fait le droit d'être sensible, ta vraie force est dans l'acceptation de ta fragilité ! Tu peux montrer tes sentiments, tu seras d'autant plus aimé ou apprécié. As-tu vraiment des ennemis ? Pourquoi te battre ? Ose partager plutôt que vaincre ou convaincre sans cesse, ton organisme t'en remerciera plus tard. Détends tes gestes et parle moins fort, tu verras l'autre s'ouvrir au lieu de se fermer, tout en acquiesçant. Ose t'offrir des massages, laisse-toi "toucher" et t'abandonner. Retrouve le contact avec des regards d'enfant. Tu peux sourire, t'attendrir, compatir et prendre visage humain... c'est sérieux mais c'est pas grave ! Entre barrage et torrent, cultive l'image du grand fleuve fluide et puissant à la fois.

5e logiciel : "Dépêche-toi"

Charlie Speed finit à toute vitesse de téter le sein de sa mère, il y a vraiment autre chose à faire ou pire, il n'y en aura peut-être plus ! Ses parents lui font bien comprendre que la vie est courte, une vraie compétition, une course d'obstacles où non seulement il faut arriver le plus vite possible mais aussi partir à temps. Chronos est tout à la fois son Dieu et son Diable. Charlie Speed est devenu un rapide, même en amour, il ne "lambine" pas et devient un surdoué de l'anticipation, de la synthèse, de la prise de risque, de la fameuse réactivité et il est reconnu pour tout cela... ce qui l'incite à foncer encore plus dans la vie... jusqu'à être arrêté subitement par un accident où il peut se retrouver réellement immobilisé, incapable d'agir pendant un moment. Il sera ralenti par la vie elle-même.

Si tu reconnais au moins trois attitudes de vie dans ce schéma vas vite te doter de l'anti-virus correspondant :

Reviens aux points :

1. et 2. du 1er logiciel avant de réfléchir sur ton antivirus.

3. **Mets en place ton anti-virus :**

   Prends un nouveau Dieu : Kairos, le temps qualitatif. Tu as le droit de prendre le temps de vivre et de goûter l'instant. Regarde ta relation à la mort, quelles sont tes croyances ? Après quoi, qui, cours-tu ? Cultive le silence, pratique le yoga ou la sophrologie et respire plus lentement, plus profondément. Ton nez est le sablier du temps, arrête de respirer par la bouche comme un poisson en survie dans cette course folle. Fais la différence entre activisme et activité en respectant les rythmes biologiques. Permets-toi de "perdre du temps", tu cesseras de perdre ta vie pour soi-disant mieux la gagner.

As-tu remarqué que tu t'es sans doute reconnu dans plusieurs de ces personnages ? Prends bien conscience de ton puzzle et note ci-dessous les différents éléments qui composent ton personnage, ton logiciel personnel : tu enrichiras ton cadre au fur et à mesure de tes découvertes.

Crée à présent toi-même ton anti-virus, invente-le à partir des éléments de base que tu as lus. Tu l'amélioreras au fur et à mesure de ta lucidité retrouvée. Ose prendre une première décision de vie.

À présent, photocopie et affiche cette feuille dans un endroit qui sera ton lieu de rappel, une sorte de miroir qui t'invite... à te bouger !

13e attention relationnelle : **MOUTON, MUTIN OU MUTANT ?**

Votre autonomie relationnelle va passer maintenant par de nouvelles prises de conscience. Pour vous faire aimer ou apprécier, vous allez exagérer la prise en compte de tous les conseils ou injonctions de base. Votre logiciel personnel et unique s'exprimera sous la loupe de trois personnages emblématiques : Richard Mouton, Odile Mutine et Honoré Mutant.

Ces personnages vivent en réaction à leurs logiciels dont l'anti-virus n'a pas bien fonctionné, soit ils démissionnent, soit ils se révoltent, soit ils se marginalisent :

1. **Richard Mouton,** se rendant compte de tout le poids de ses conditionnements, logiciels intégrés et autres traumatismes, baisse les bras : "*Et alors, je suis comme je suis, de toute façon, c'est trop tard*". Combien de fois s'est-il dit : "*Tu es nul ! T'y arriveras pas !*". Son énergie est devenue basse, sa confiance en lui-même de plus en plus infime... alors changer, aujourd'hui, non, c'est pas pour lui. Il est conforme à ce qu'on attend de lui, en phase avec les lois, les règles, réfugié dans une routine

qui le protège… et peut-être est-ce aussi bien !

Le rôle de victime ? Ça lui sied parfaitement, c'est comme cela qu'on s'intéresse à lui et puis, c'est pas nécessaire de se prendre la tête avec toutes ces méthodes à l'américaine pour changer à tout prix ! Il fait confiance à son "être intérieur", à son Dieu. Richard Mouton, fort de son confort, a oublié le vieil adage *"Aide-toi, le ciel t'aidera"* ! Il peut se conforter sincèrement dans son mensonge avec lui-même… mais la vie risque de le rappeler durement à sa réalité. Richard Mouton, réveille-toi ! Si tu lis ce guide, c'est que le pas est déjà franchi, courage ! Ose créer ta vie.

2. **Odile Mutine**, quant à elle, prenant conscience des barreaux qui entourent sa façon d'être en relation et de ses conditionnements familiaux ou culturels, optera pour la mutinerie. Révoltée dans l'âme, remontée comme un ressort, cette grande adolescente a son idole, son "Robin des bois" moderne, qui incarne si bien tout ce qui couve en elle de revendications et de rébellion contenues. Son "oui… mais" à chaque fois que quelqu'un lui explique quelque chose est systématique. "Mais" est émotion ! Odile Mutine est une pro de la réaction. Seulement cette énergie tourne sur elle-même, elle n'est pas constructive, créatrice. Aussi, ces échecs successifs ne font que renforcer sa rancœur contre la famille, la société et autres institutions, miroirs déformés de ses logiciels de base. Odile Mutine, si tu écoutes, rends-toi à l'évidence. Si tu sens tes actions stériles pour ta vie, vois tout cela profondément. Ne claque pas la porte à cette lucidité retrouvée comme un nouveau piège que l'on voudrait te tendre ! Retrouve de la tendresse envers toi-même et recentre ton énergie sur le vrai défi : AIMER ! Un autre risque doit t'alerter, le passage de ta position "ressort" à la position "coupe". Tu auras tendance, avant de te stabiliser, à accueillir tout idéalisme dans une sorte de

relativisation aveugle. Tu seras attirée par exemple par des communautés où tout le monde s'aime, où on construit un nouveau bonheur sans contraintes... jusqu'à revenir dans la réalité, ta réalité et celle des autres pour des relations ajustées. Après ton mouvement de balancier dans les extrêmes (souvent nécessaire !), tu existes enfin dans ton véritable être.

3. **Honoré Mutant** a pris conscience également de son logiciel et fait sa petite révolution à lui. Enfant, il a toujours dû se débrouiller seul et trouver des stratégies innovantes pour s'en sortir. En permanence stimulé, il dépassera ce qui s'est imprimé en lui en devenant "un créatif culturel". Cette nouvelle tendance émergente rompt avec l'ancienne norme et crée un nouvel art de vivre, un état d'esprit du changement, de la créativité. Honoré Mutant a souvent changé de métier avant de trouver sa place, il est curieux, toujours à la recherche de nouvelles opportunités. Il change aussi dans sa vie amoureuse et après de multiples expériences, il se retrouve parfaitement bien au sein d'une famille recomposée où de nouvelles règles du jeu peuvent s'inventer. Il ne manque pas sa soirée du mardi au café-philo et participe à une université d'été de développement personnel. Sa boulimie de découverte est à la fois sa chance et sa fuite en avant. Son style "branché" le distingue facilement des autres personnages. Honoré Mutant a son côté créatif-artiste et montre avec une fausse humilité ses dernières sculptures à ses amis qui font parfois semblant de les admirer. Il aime jouer d'un paradoxe : tout à la fois contribuer et résister dans le système. Pas toujours rassurant, il dérange. Quelque peu instable, il s'engage difficilement mais on finit souvent par craquer sous son charme et son dynamisme. Honoré Mutant, quand il se retrouve loin de tout cela... replonge dans une sorte de mélancolie qui lui indique le chemin encore à parcourir vers sa vraie liberté.

Alors, Mouton, Mutin(e) ou Mutant(e) ? quelle est ta stratégie face à tes logiciels ? Prends conscience de ton mode de réaction, de ta façon d'être en relation avec les autres, à ce jour. Décris-toi (aide-toi d'un proche si possible) avec honnêteté dans le cadre ci-dessous :

En imaginant un instant que ta conscience soit claire sur tout cela, que risquerait-il de se passer au fond ?

Le quatrième personnage est une approche de ce qui risque de t'arriver :

4. Corinne Lucide a compris une chose magnifique :

> **La vie est une chance d'exercer sa liberté, afin de se sentir heureuse, vivante et aimante.** Elle a réalisé que tous ses logiciels, avec lesquels elle vit aujourd'hui avec humour, sont un magnifique tremplin pour créer. Elle est curieuse, pose des questions, s'intéresse. C'est une alchimiste de la relation : elle transmute une situation, une discussion, un événement pour en extraire le bon, le lumineux et l'essentiel. Sa présence est un "ouvert" qui libère l'autre. Elle relie les gens naturellement et crée des échos qui résonnent encore longtemps après son passage. Elle trie de plus en plus lucidement dans tous les jeux d'influence. Corinne Lucide se donne des autorisations tel que le droit légitime de respecter ses besoins, d'avoir des plaisirs qui ressourcent, des relations

dynamisantes et surtout elle ose s'aimer pour mieux aimer les autres. Sa vie est constructive, c'est une personne fiable mais qui ne se prend pas au sérieux. Son humour et ses petites folies sont signes d'une bonne santé. Du reste, elle fréquente très peu les médecins et passe plus de temps à vivre qu'à avoir peur de souffrir. Elle sait cependant demander de l'aide si nécessaire. Elle ne se sent surtout pas obligée de jouer un personnage, d'entrer dans une étiquette ou de faire telle ou telle chose pour exister. Elle se positionne clairement dans la vie mais reste parfaitement intégrée à son système social et culturel. Elle a fait la paix avec elle-même. Corinne Lucide a une direction intérieure, elle cultive au mieux des valeurs conscientes et vivantes qui lui permettront de vivre dans un état d'esprit constructif, respectueux, joyeux, pacifiant et aimant.

Alors, voilà une belle perspective ! Une utopie ? Un déal ? Mais tout débute là, dans cette image créarice et fondatrice d'un nouveau mouvement en vous. Osez vous projeter différemment sur votre à-venir et nourrissez vos nouveaux choix, vos nouveaux logiciels... Renouvelez-vous !

Écris ci-dessous la nouvelle personne qui veut naître à une vie choisie. Note également les impacts positifs que cela entraînera sur tes proches et ta vie relationnelle.

Prénom : a compris :   Mes proches me percevront alors...

14e attention relationnelle : **SOYEZ C.L.A.I.R. ET POSITIONNÉ**

Le positionnement C.L.A.I.R. est l'entraînement le plus essentiel de ce chemin que nous parcourons ensemble. Chaque proposition de l'entraîneur de vie éveille concrètement à cette clarté relationnelle, à cette attention partagée qui vous guide vers une vie consciente et aimante.

1. **C**.L.A.I.R. : **Conscience**

Enlevez le pilote automatique ! Qui êtes-vous dans la relation ? Tout ce qui est exprimé dans ce guide peut nourrir votre réflexion pour vous désidentifier de vos fonctionnements automatiques et vos saboteurs relationnels. Pour cela apprenez déjà à vous détacher.

Exercice : Prends chaque jour un temps de recul. Pose-toi dans tes valeurs de fond. Plus tu seras bien assis, immobile et en silence, plus tu seras le spectateur de tes contenus : images, émotions, sensations. Apprends à voir cela profondément ! Si tu es motivé, note sur un carnet tes façons d'être, de te comporter dans tes relations, ce que disent tes proches de toi... et regarde "qui est là" en relation !... et assieds-toi en silence à nouveau à une heure précise à la fin de ta journée pour refaire le point.

Les "mal-à-dits" telles que les somatisations, autoviolences ou accidents dirigés contre soi-même tentent de vous "guerre-ir", guerre intérieure... silencieuse de l'extérieur mais, oh combien ! mortifère. Les "mal-à-dits", tels que les actes manqués, les manipulations, les agressions dirigés contre l'autre sauvent parfois au détriment d'une solitude de plus en plus insupportable. Aller se "soi-nier" chez un spécialiste (un soi-niant) ne suffit pas et peut même masquer ce que vous devriez remettre en cause. "Gairire" la relation est un chemin de conscience qui vous engage joyeusement mais rigoureusement vers une clarté relationnelle.

Alors, être toujours plus conscient, c'est développer une attention lucide et détendue sur nos contenus inconscients, pour les accepter ou faire le "saut créatif" avec eux. Toutes les attentions développées dans cet ouvrage vous y invitent. Au-delà, seule une vraie thérapie peut vous ouvrir à ce que votre conscient n'est pas capable de parcourir seul. Assis... immobile... en silence... laisser se détacher... et voir !

2. C.**L**.A.I.R. : **Langage, adoptez le P.R.E.C.I.S. Ce que vous montrez et ce que vous dites forment un tout : soyez cohérent !**

Le langage pour s'entendre est une communication de l'être tout entier. Vous avez vu à quel point votre corps exprimait votre vérité, comment vos émotions vous contrôlaient. Nous verrons bientôt comment la parole est un art subtil de la réciprocité. Évoluer vers l'humain, c'est se réconcilier entre ces différents langages, souvent séparés alors qu'ils sont voués à être reliés. **Le corps, le cœur et la conscience donnent leur unité au verbe qui peut alors créer et aimer**. Exercez-vous, grâce à l'entraîneur de vie, avec des points d'attention concrets.

Le P.R.E.C.I.S. de la relation est un outil qui a fait ses preuves dans mes formations. À vous de l'utiliser dans le meilleur état d'esprit possible :

- **P**ositionnement : Priorité à la défense du territoire. Ajustez-vous de manière à faire respirer la relation. Une distance de jambe environ permet de garder toute sa lucidité. Mettez-vous en bonne posture physique, émotionnelle (voir R.D.I.) et mentale (décision, valeurs)... pour éviter toute imposture. Gardez toujours les pieds sur terre et la tête bien sur les épaules : c'est une sensation tout à fait concrète à cultiver en situation relationnelle.

Reportez-vous aux dix positionnements d'autonomie relationnelle présentés dans les pages suivantes.

- **R**eformulation : c'est la vérification de votre communication. Ce n'est pas tant ce que vous dites qui est important mais ce que l'autre a reçu ! À chaque fois qu'il y a un enjeu, ceci est vital.

  Reformulez: *"Si j'ai bien saisi, compris, entendu... J'aimerais que nous reprenions ensemble ce que tu viens de dire..."* avec des mots simples, un ton naturel, au plus proche des mots de l'autre, sans déformer sa parole. Tout autre reformulation est déjà une technique ou une manipulation. Attendez le retour de l'autre *: "C'est bien cela – On est d'accord – C'est bien ce que j'ai dit"* avant d'aller plus loin.

- **É**coute : c'est d'abord être silencieux intérieurement pendant que l'autre s'exprime et jusqu'au dernier mot ! Un bon exercice : marquer 2 ou 3 secondes de silence avant de répondre.

  Écouter, c'est entrer en empathie : soyez ouvert profondément à l'autre sans vous perdre. Soyez aussi attentif au contexte sans perdre votre propre objectif. C'est une attention globale.

  Intéressez-vous à l'autre et émerveillez-vous de sa différence. Est-il mutin, mouton ou mutant par exemple. Mais attention à ne pas vous enfermer dans vos grilles de lecture, restez ouvert à l'unicité de la personne en face de vous.

  Aimer Écouter est un art qui se cultive à chaque rencontre dans un bon équilibre avec l'oser dire.

- **C**oncision : c'est rassembler votre énergie pour oser dire et aller à l'essentiel, au "cœur de message" en vous posant la question : *"Qu'est-ce que l'autre, au fond, doit vraiment retenir en une ou deux phrases !"*. Vous pourrez reprendre ce cœur de message plusieurs fois si nécessaire pour vous faire vraiment entendre. C'est votre axe et votre guide. Vous avez sans doute vérifié que vous "partiez ailleurs" lors de certaines discussions-fleuve. Le manque de concision de votre interlocuteur vous fait décrocher. C'est ce qui se passe souvent lorsque vous sentez que l'autre ne vous écoute plus. Soyez court et énergique, vous verrez que vous serez mieux entendu et retenu.

- **I**nterrogation : le questionnement pertinent est la clé de l'intérêt vers l'autre et du respect de sa liberté de pensée. Au lieu de couper rapidement la parole à l'autre, entraînez-vous à l'inviter à terminer son message ou à le relancer. Résistez aux "bons" conseils, à avoir toujours raison et intéressez-vous vraiment à l'autre. Pour cela, entraînez-vous au questionnement pertinent. Voici quelques mots-clés *: "C'est-à-dire ?... - Peux-tu préciser ?... - Ça m'intéresse, peux-tu m'expliquer, m'en dire un peu plus ? – As-tu vraiment terminé ? – Qu'est ce qui te fait dire cela ? – Es-tu sûr de ce que tu avances ?".* Dans le guide qui concernera les processus d'accompagnement, vous trouverez tout l'art de la maïeutique et du questionnement pertinent pour accompagner une personne dans une problématique. Cette approche consiste à faire "accoucher" l'autre de sa solution sans imposer sa propre vision.
- **S**ynchronisation : À chaque fois que l'échange semble se bloquer, arrêtez toutes vos techniques et mettez-vous intérieurement à la place de l'autre... dans son monde. Vivez la gestuelle de l'autre, le son de sa voix, son ambiance générale. Parfois, quelques secondes de mise en phase suffisent pour débloquer la situation. L'autre s'ouvre corporellement et vous trouvez un terrain d'entente. Après cette mise en phase, vous pouvez éventuellement guider l'autre (s'il est en colère ou affaissé triste-

ment) vers l'espace de réciprocité adulte : allez d'abord dans sa position puis lentement redressez-vous, respirez calmement, posez le ton de votre voix. L'autre vous suivra certainement dans cette voie jusqu'à l'endroit où vous pourrez vous entendre… et pas au-delà car vous passeriez alors dans un acte de manipulation.

Méthode d'intégration : un jour par semaine pendant 3 mois (mélange les cartes seulement au bout de cette période).

Positionnement : lundi, je porte attention…

Reformulation : mardi, je porte attention…

Écoute : mercredi, je porte attention…

Concision : jeudi, je porte attention…

Interrogation : vendredi, je porte attention…

Synchronisation : samedi, je porte attention…

Chaque jour, un simple niveau d'attention (rien à "faire" de manière trop volontaire !). Le simple fait d'être attentionné chaque mercredi sur l'écoute permettra d'intégrer avec aisance cette qualité. Chaque matin, après avoir affiché le P.R.É.C.I.S. dans tes toilettes par exemple, repère le jour et la qualité associée pour partir avec cette "ambiance". Tu seras vraiment surpris du résultat au bout de trois mois. Ton langage global aura largement évolué… Tu pourras alors te détacher de l'outil pour le vivre complètement. Tu peux y revenir une semaine par trimestre pour l'affiner au fil de tes découvertes relationnelles.

Exercice : Offre-toi un séminaire de prise de parole et d'impact personnel avec vidéo-analyse et travail sur l'image de soi. Dans un premier temps, c'est imparable, tu ne peux pas tricher bien longtemps.

L'image et le groupe te font sans cesse miroir. Même si cela te paraît un peu technique et dérangeant, c'est une base solide pour te faire prendre conscience de tes ressources. Ose également faire du théâtre avec des bons professionnels. Enfin, dans la vie quotidienne, continue à te désidentifier de temps en temps pour écouter le son de ta voix quand tu parles à ton enfant, le geste qui t'a échappé et la parole qui a jailli. Autant être un bon acteur (pour éviter de jouer la comédie !)... dans la vie elle-même et rejouer de façon vraiment ajustée cette scène sans "passagers clandestins !". Tes différents langages révèlent ton niveau de congruence.

3. C.L.**A.**I.R : **Autonomie**

Grandir, nous l'avons vu, c'est passer de la manière d'être mouton, mutin ou mutant à la façon plus entière et plus attentive de se mettre en relation. *Auto-nomos* signifie être relié à son NOM, à son identité profonde. Dans la relation, cela se traduit par des attitudes très précises qui témoignent de cette maturité. L'entraîneur de vie va ainsi vous inviter à vous exercer aux dix positionnements d'autonomie relationnelle qui vous permettront d'aimer avec moins de maladresses. Ces dernières sont sources de conflits et diabolisent (dans le sens de séparer) la relation.

Tout d'abord, posez-vous lucidement la question à la lumière de ce que vous avez déjà intégré.

Exercice : Dans quel degré d'autonomie te positionnes-tu aujourd'hui ?

Quel confort dois-tu abandonner ?

De quel renoncement as-tu pris conscience ?

Qu'as-tu envie de construire comme type de relation ?

Sur quelles valeurs ?

Un peu plus C.L.A.I.R. dans votre approche relationnelle, soyez à présent un peu plus positionné dans votre façon de communiquer. Exprimer est naturel mais "mettre en commun" une idée, un sentiment, une véritable parole écoutée, entendue et réciproque, relève d'un véritable exploit ! Je ne me fais plus d'illusions aujourd'hui d'avoir été entendu et compris, si je n'ai pas une attention au comment "ça s'est passé" et si je ne vérifie pas, ce qui a été vraiment reçu.

Cet entraînement relationnel que vous propose l'entraîneur de vie est incontournable. Combien de fois franchissons-nous la première marche d'une mésentente, voire d'un conflit à cause d'une première maladresse verbale ou non verbale ! Combien de fois n'arrivons-nous pas à apaiser l'escalade des mots par un simple manque d'entraînement à un positionnement clair ?

L'autonomie se joue avec l'autre.
Te positionner clairement est risqué !
Tu assumes ce dont tu es porteur,
Et tu reconnais l'autre dans sa vérité.
Un mot, un manque d'attention peuvent suffire pour un mal-entendu.

Les 10 positionnements d'autonomie relationnelle :

1. **Principe de cohérence**

Soyez attentif au fait que seule la cohérence entre le physique, l'émotionnel et le verbal vous rendra vraiment crédible.

Être un "virtuose" de la "bonne" parole ne vous servira pas à long terme. Plus le positionnement relie les différentes composantes de vous-même, plus vous serez crédible et authentique. Assumez vos positions clairement tout en sachant les remettre en cause au bon moment. L'exemplarité vous permettra d'être une personne fiable qui a intégré la fragilité et la remise en cause qui elle aussi est assumée.

2. **Principe anti-positionnement**

Observez vos réactions spontanées anti-positionnement dont le bénéfice sera bien sûr de ne jamais vous remettre en cause !

- **La fuite** : "*Désolé, j'ai un rendez-vous*", jouer la fermeture en revêtant votre cuirasse de silence, vous soumettre : "*Oui, pourquoi pas* !" ou bien agresser : "*Tu es complètement cinglé ! tu vas voir...*". Vous pouvez aussi noyer le poisson en prenant la position "diplomate" et gentiment dériver la situation : "*Oui... bien... au fait, êtes-vous sûr que cette personne avait résilié son contrat...*" en changeant de cap, en regardant ailleurs.

- **Le libre cours aux saboteurs naturels** : "*De toute façon, c'est pas facile... Ça sert à rien... Je suis comme ça... Pourquoi s'emm... ça a toujours été comme ça...*". Pouvez-vous en trouver un dernier... sans répondre : "*À quoi bon ?*".

- **Les arguments de dominance** qui alimentent sans cesse votre "belle image", votre "position" d'emprise ou le bien-fondé de vos croyances : "*Je sais bien, moi, ce qu'il te faut... Tu sais bien que c'est parce que je tiens à toi ! Je te connais mieux que toi-même... Tu sais bien que... Je te l'avais pourtant dit, tu vois j'ai toujours raison !*" Écoute, humilité et partage seront votre attention avant d'oser vous positionner !

3. **Principe du : je-nous**

Chaque positionnement est une reliance à vivre avec l'autre. **Positionnez le "je" dans la relation, différent du "moi-je !"** Respectez-vous et soyez fidèle à vous-même, parlez sur vous avant d'essayer de dire sur l'autre, afin de vraiment converser à partir de votre position : "*Je ressens – J'imagine que – Je suppose - J'aimerai...*".

- **Chassez le "on" pour adopter le "nous"** : plus vous vous expliquez, moins vous vous impliquez. Attention au "tu" revolver (tue) en début d'échange "ping-pong" : "*Tu as encore fait ceci ou cela...*", retrouvez votre "je" et passez au nous : "*Je suis vraiment en colère, je ne supporte pas ce qui vient de se passer... Nous pourrions mettre tout ça sur la table et en parler une bonne fois pour toutes !*". Cette botte secrète du "je-nous" est un formidable entraînement. Plus vous vous positionnez clairement, plus l'autre va mieux se définir.

4. **Principe d'équilibre**

La position relationnelle s'équilibre avec les quatre potentiels qui suivent.

- 1er potentiel : **recevez -** Accueillez ce qui est bon sans préjuger des intentions, recevoir n'est pas un devoir ou un "prendre" mais une ouverture où vous ne vous sentez pas remis en cause systématiquement.

- 2e potentiel : **donnez -** Offrez sans l'attente d'un retour et non pas imposer, mettre en dette ou culpabiliser en croyant sincèrement apporter à l'autre.

- 3e potentiel : **demandez -** Osez dire au risque de la réponse, sans charge émotionnelle. Demander se distingue de l'exigence, de l'ordre ou de la contrainte.

- 4e potentiel : **refusez -** Osez dire non... pour mieux dire oui. Refuser ce qui vient de la personne mais non la personne elle-même.

Si un de ces quatre potentiels est en déséquilibre, c'est toute votre vie relationnelle et votre autonomie qui risque de crier et de souffrir. À quelle dynamique devez-vous redonner de l'attention ?

5. **Principe de reconnaissance**

- **Placez-vous** en position de "validation" et d'empathie.

- **Validez** ce que ressent ou éprouve l'autre et ce qu'il pense ou imagine : c'est sa réalité et elle n'est pas contestable. Vous pouvez la vivre comme injustifiée ou non pertinente mais cela appartient à celui qui en est habité. Exemple : *"Tu es pénible !"*. Réponse : *"Oui, tu me ressens comme pénible et moi je ressens l'importance d'être rigoureux à ce sujet"*. Grâce à votre écoute, vous pouvez valider d'autant mieux l'autre en reformulant sa parole sans la détourner. L'autre se sent alors bien l'auteur de ses paroles et de son ressenti. Vous êtes en bonne empathie.

- **Reconnaissez ce que vous êtes et ce qu'est l'autre**, c'est le début du respect mutuel. Cultivez cette attention. Attention, il y a deux pièges qui sont le creuset de la culpabilisation et de la guerre relationnelle :

. Accuser l'autre : *"T'es nul, on peut jamais discuter avec toi !"*.

. S'auto-accuser : *"De toutes façons, j'ai toujours été..."*.

Faites plutôt la chasse aux jugements de valeurs, généralisations, chantages, menaces, comparaisons (voir chapitre 4) liés à vos (ses) souffrances et à tous les terrorismes relationnels.

6. **Principe d'indépendance**

- **Optez pour une position "engagée"** : ni soumis, ni opposant... mais différencié et confrontant pour une relation constructive et inventive.

- **Acceptez de renoncer à l'approbation de l'autre** pour vous valider : *"Alors... comment j'ai été ? je suis... je serai..."*, sauf si vous désirez lucidement un retour sur vous-même.

- **Cessez de vous emparer de la parole de l'autre...** pour vous faire souffrir avec ! *"Tu crois que je suis vraiment pénible... désolé, j'ai été stupide !"*.

- **Acceptez l'éventuel refus de l'autre** en affirmant sereinement votre position : *"Oui... c'est vraiment cela que j'avais envie de te dire"*.

Entre recherche d'affirmation et recherche d'approbation, vous devrez prendre le risque de rester au plus proche de vous-même, sans disqualifier la position de l'autre.

- **Soyez attentif aux interférences relationnelles**. Ne placez jamais entre vous et l'autre ce qui appartient à une autre relation. Chaque relation est unique et au présent.

- **Renoncez à pratiquer la victimisation** et transformez vos armes favorites : la plainte, les reproches, la dénonciation... en prenant des mini-prises de risque, afin d'être plus explicite, impliqué, affirmé, vrai et respectueux *: "C'est encore ta faute si on n'a pas pu sortir ce soir !"* donnerait : *"Je comprends que tu n'aies pas envie de sortir, j'avais très envie d'aller au cinéma. Je vais louer le film au vidéo-club et on se fait livrer une pizza".* Comprendre l'autre, ce n'est pas renoncer à son désir ! Soyez attentif et inventif... pour aussi vous respecter ! Un besoin est irremplaçable mais un désir est malléable.

7. **Principe de différenciation**

- **Vous n'êtes pas l'autre, il n'est pas vous**... tout en étant conscient que vous êtes "frères" d'une même communauté humaine et quelque part si semblables ! Jouez la relation "avec", mais pas contre. Acceptez la différence.

- **Différenciez le sentiment de la relation :** *"je vous apprécie réellement, j'ai besoin simplement de vous dire que je n'accepte pas ce comportement précis".* Depuis l'enfance vous amalgamez trop souvent un fait qui vous confronte avec : *"L'autre ne m'aime plus".* C'est le comportement que vous n'aimez pas et non la personne elle-même !

- **Confrontez-vous, exposez-vous à une vérité, à un respect de vous-même et de la relation**. Ce n'est pas un affrontement, il ne vise pas à diminuer ou dominer l'autre. Il vise à permettre un meilleur positionnement du partenaire, une vraie différenciation.

8. **Principe de clarté**

Positionnez-vous plus clairement... et le plus rapidement possible :

- En présentant des faits : *"En fait cela a commencé précisément lorsque..."*

- En assumant votre ressenti : *"Je sens mon ventre qui crie..."*

- En conscientisant votre réactivation : *"Je crois que cela me rappelle la fois où..."*

- En faisant le lien avec vos référents : *"J'ai toujours cru que..."*

- En vous recentrant sur l'essentiel *: "Au fond, ce qui me paraît essentiel maintenant, c'est..."*

9. **Principe de réaction**

Positionnez-vous, vous passerez du réactionnel au relationnel. **Si vous réagissez, si l'autre réagit... c'est que vous êtes touché, c'est que l'autre est touché !** Intéressez-vous à ce qui a été touché, révélé, réveillé plutôt qu'aux masques relationnels.

- **Soyez empathique : écoutez... écoutez... écoutez... encore** jusqu'au dernier mot de l'autre. Vivez une respiration de silence avant de répondre, vous passerez ainsi de la réaction à une vraie parole et à un ton de voix "relationnel". Cultivez le silence, seul et entre les discussions, les phrases, les mots... un silence paisible où vous pouvez vous mettre en accord avec vous-même, avec l'autre. La position silencieuse donne le rythme. La force des vides donne la puissance des pleins !

- **Respectez-vous et respectez l'autre dans ses limites légitimes :**

. les zones de fragilité, les expériences douloureuses, les blessures, qu'il s'agit peut-être de protéger encore un peu de toute intrusion : *"Ceci est ma limite, je n'irai pas plus loin aujourd'hui".*

. les paroles, les comportements, les gestes qui

ne sont pas bons pour vous, qui vous blessent encore et qui ne sont pas souhaitables d'accueillir : *"Non, je n'ai pas envie de continuer cette discussion, je souhaite que tu respectes mon silence".*

. le jardin secret qui protège votre intimité, le moment juste pour exprimer ou non ce qui a une charge importante.

- **À l'inverse, soyez capable de vous reconnaître de mieux en mieux dans ce qui est le plus vous-même,** en dépassant cette vie "privée" (privée de quoi, de qui ?) pour nourrir des relations plus profondes... si le respect mutuel s'est installé. La réaction est une magnifique occasion d'attention et de découverte relationnelle. Notez sur une feuille tout ce qui vous fait encore réagir dans vos vécus relationnels. Un signe d'autonomie sera la diminution conséquente du nombre de réponses au fil de votre évolution. Passer de la réaction au relationnel, vous fera agir (au lieu de réagir) pour une position plus ajustée.

10. **Principe de symbolisation**

Malheureusement privé de la relation physique, l'inconscient, lui, continuera à "métaboliser" la relation mal digérée. La position symbolique vous permettra de donner du sens à ce qui vous fait souffrir, reste inachevé, dans le non-dit. D'autre part, dans une situation trop lourde, les mots ne sont pas toujours ni adaptés, ni suffisants.

- Exemple 1 : *"Papa, tu trouveras dans cette boîte une main que j'ai dessinée et découpée. Elle représente la violence que j'ai subie et qui t'appartient. Je te la redonne. J'ai envie aujourd'hui de m'accorder toute la douceur que je mérite".*

- Exemple 2 : *"Pour l'instant, je ne peux pas vivre mes désirs, alors en attendant j'en prends soin : je fabrique un patchwork où j'inscris chacun de mes désirs sur chaque morceau de tissu, c'est beau et ça me fait du bien".*

Réfléchissez à présent à cette phrase qui pourrait vous apaiser, celle que vous avez envie de redonner, un héritage que vous n'avez pas à prendre sur vous, en vous... et inventez votre geste symbolique.

Prendre soin d'une souffrance, comme d'un désir, ce n'est pas les résoudre, c'est leur porter une attention relationnelle, une bienveillance, leur donner de la valeur pour maintenir une intégrité psychique, c'est pour vous, cela ne changera pas l'autre. Ceci est un outil, n'en devenez pas pour autant fétichiste !

Ami lecteur, ces quelques pages sont essentielles pour toi. Arrête-toi un moment et mastique ce que tu viens de lire : tu as toujours envie de progresser concrètement ?

Alors suis simplement ces deux propositions :

1re : Relis 3 fois lentement les 10 principes du positionnement clair et à la troisième fois transforme toutes les expressions des principes vus : en "je" et vis ces mots de manière à ce qu'ils retentissent en toi. Que ressens-tu, quelles images te viennent ?

2e : Prends dans l'année à venir, une proposition de positionnement par mois pour exercer ton attention relationnelle. Le 11e mois, tu reprendras ton "point faible", le 12e mois, ton point le plus fort. À toi de jouer ton jeu, l'année suivante réinvente et enrichis ton positionnement. Quand commences-tu précisément, quel est ton enjeu et ta motivation ?

4. C.L.A.**I.**R : **Inventivité**

La relation est le terrain de la créativité ! Elle n'est pas une mécanique figée avec des règles absolues. D'ailleurs, vous observerez une chose amusante : si vous rentrez d'un séminaire de communication, rempli de dizaines de "clés" bien notées dans votre document pédagogique, les "serrures" en revenant chez vous auront déjà changé ! Et les personnes qui vous connaissaient bien souriront gentiment, au pire seront vraiment agacées lorsque vous sortirez, en imitant la voix du formateur, votre :"*Si je t'entends bien, tu ressens de la colère envers moi... Veux-tu que nous en parlions...*" ! En effet, les clés "refaites" ne fonctionnent pas toujours. L'autre sent le piège, se méfie, perçoit le "faussaire". La meilleure façon de procéder avec tous les acquis, bien nécessaires par ailleurs, sera de les réinventer avec votre simplicité. D'autre part, la relation est un véritable terrain pour développer votre créativité et créer de nouveaux élans relationnels.

Exercice : Réinvente à ta manière toutes les techniques de communication que tu rencontres ou que tu as apprises. Si tu butines les livres et les stages... fais-en vraiment ton miel ! pose-toi ces deux questions : Qu'ai-je inventé aujourd'hui pour nourrir mes relations ? Quel est mon "chef d'œuvre"

Les sept principes de réciprocité

Indépendance Liberté	Interdépendance Exigence
1. Écoutez vos besoins et respectez-les.	Interrogez-vous sur les besoins des autres, comprenez-les.
2. Maîtrisez vos émotions, soyez acteur de vos ressentis.	Ouvrez-vous aux sentiments, ressentis, émotions des autres, sans en être affecté négativement.
3. Reconnaissez vos fragilités et vos forces.	Admettez que l'autre ne soit pas ce que vous voudriez. Voyez et comprenez leurs fragilités et leurs forces.
4. Soyez un bon compagnon pour vous-même. Valorisez-vous, donnez-vous des permissions, gratifiez-vous...	Reconnaissez la valeur de l'autre, faites-lui du bien, ouvrez des permissions, valorisez de façon sincère.
5. Prenez en compte votre besoin de réalisation et permettez-vous de changer... au risque de... vers l'autonomie.	Intéressez-vous profondément à l'autre, pour ce qu'il est et peut devenir.
6. Voyez la différence et l'unicité, acceptez-vous.	Émerveillez-vous de la différence chez l'autre tout en exprimant vos propres limites. Cultivez la tolérance et le respect.
7. Apprenez à vous faire confiance.	Ayez confiance dans l'autre, distinguez confiance aveugle et confiance consciente.

vers lequel je tends dans ma vie sur le plan de la relation ? Ose devenir un créateur relationnel !

5. C.L.A.I.**R** : **Réciprocité**

L'autre c'est l'enfer... l'autre, c'est le paradis ! Cessez de vous considérer comme la victime des actes inconséquents ou malveillants de votre environnement. Une attitude moins égocentrique vous conduira à plus de discernement. Pour cheminer tranquillement en compagnie des autres, vous devrez leur accorder, ce que vous avez si souvent envie de leur demander : une bonne dose de bienveillance ! Ainsi se font face deux visions : **indépendance/liberté et inter-dépendance/exigence**. Comme les deux côtés d'une même pièce, elles sont unies par le principe de réciprocité.

Exercice : Mets-toi dans la peau d'une personne qui t'a agacé. Que ressentait-elle, que pouvait-elle bien penser ? Entre profondément dans son rôle, jusqu'à pouvoir te dire : "*Qu'est-ce que je ressens ? Qu'est-ce que je pense maintenant ? Pourquoi est-ce que j'ai dit ça ?... Parce que je ne me suis pas senti respecté lorsque qu'elle m'a dit de me taire... etc.*" Tu comprendras alors, un grand nombre de tes logiciels intégrés et donc de tes comportements non ajustés dans la relation.

Chaque occasion est la meilleure des occasions... pour vous intéresser vraiment à l'autre. Je vous propose de commencer par la personne la plus proche, votre compagne ou compagnon, par exemple. Vous serez très surpris, en appliquant le principe de réciprocité, de constater à quel point vous la ou le connaissez mal, même au bout de 20 ans de vie commune ! Faites cette expérience avec un collègue de bureau qui vous paraît "insignifiant" ou "inintéressant" au premier abord et préparez-vous à être très étonné du résultat !

Ta clarté relationnelle est le terreau
de la confiance réciproque.
C'est ta chance de cultiver intégrité
et courage pour oser t'exposer face
à ta première rencontre.

Je t'invite à écrire dans ce cadre une seule chose qui t'a semblé pertinente pour toi dans le C.L.A.I.R. et de noter la première situation sur laquelle tu vas diriger ton attention et comment.

S'entendre sans se tendre et être clair dans ses relations implique d'être lucide en situation dite normale ou habituelle.

La vie n'est pas un long fleuve tranquille et elle arrive à nous mettre bien souvent "hors de nous". C'est pourquoi, nous allons ensemble dans le chapitre qui suivra, affronter nos ombres et les violences du quotidien. Toutes les vérités relationnelles peuvent trouver là une expression riche de toutes nos contradictions et ambiguïtés. Mais c'est là aussi la chance de vivre un chemin d'amour partagé.

Chapitre 4.

> "En les écoutant, je sentais une terreur ancienne monter, venue de très loin : la peur de l'autre qui peut vous tuer ou vous anéantir. Je n'entendais plus alors que ma propre terreur et je ne pouvais plus les entendre, eux et leur propre terreur."
>
> Charles Rojzman

LES JEUX DE PRESSION, MANIPULATIONS ET VIOLENCES

Nous sommes tous des "tueurs" de relation. Chacun de nous est capable de tuer ! Il suffit de quelques conditions spécifiques pour faire surgir le prédateur en nous. Rappelez-vous ce magnifique film *I comme Icare* où le comédien, assis sur une chaise câblée et relié à un poste de commande, jouait la victime innocente. Dans la tour de contrôle, un volontaire naïf envoyait des stimuli électriques à la victime sous les ordres d'un responsable et sous couvert d'une expérience scientifique salutaire. Au fil des électrochocs, qui peuvent être comparés à l'addition des chocs psychologiques d'un harcèlement moral par exemple, la pseudo-victime faisait semblant de se trouver de plus en plus mal. Inquiet, le naïf-bourreau s'est tourné vers l'autorité pour tenter d'arrêter l'expérience. Le responsable scientifique a exercé alors son pouvoir pour expliquer l'importance de son action à l'expérimentateur. Rassuré, celui-ci enfonça à fond le curseur... et fit mourir la victime !

Le bourreau n'avait besoin que d'une permission pour cautionner son acte. Le deuxième bourreau, le chef, a tué par procuration en faisant monter la bonne pression psychologique. Nous voyons cela en permanence dans la vie de tous les jours. Quant à la victime, nous nous retrouvons souvent dans le cas d'un véritable drame subi et non voulu, même par l'inconscient. C'est le cas dans les actes commis lors des guerres et des actes terroristes, tortures et autres viols collectifs, mais aussi dans bien des cas tout à fait quotidiens où la personne n'a pas la réelle capacité de réponse à la violence. Ceci pour faire remarquer, à l'encontre de certains "psys", que ce n'est pas toujours un programme inconscient qui guide la victime. Parfois *"un chat est un chat",* comme le disait Jung[1], une victime, une véritable victime ! Par contre un ancien "programme" peut effectivement se retourner contre la personne elle-même. La position de victime va favoriser cette tendance à l'autodestruction : *"Je me tue pourtant à te faire comprendre à quel point je suis malheureuse !"*. **Le langage est toujours éclairant !** Reconnaître cette énergie du tueur en nous est essentiel.

Se réapproprier son énergie vitale de survie est un bon moyen pour contacter cette ombre intérieure. Je propose souvent un exercice dans mes groupes qui permet de rejeter physiquement une autre personne. Au moment de contacter gratuitement cette énergie, certains ne sortent que 20% de leur potentiel. Cela signifie que 80% de ce mouvement non accepté peut leur jouer des tours pendables dans leur vie ! Cette énergie tueuse, de rejet, apprivoisée, leur permettra par contre de retrouver la puissance d'une véritable NON et d'un positionnement ajusté au fil de l'exercice. Au moment où le chef, un jour, me dira d'appuyer à fond sur le curseur,

1. Psychiatre suisse, diverge de la pensée freudienne en introduisant la notion d'inconscient collectif.

j'adopterai un magnifique positionnement et j'aurai tué la situation inacceptable ! Nous verrons, dans l'exercice du sabre, comment l'entraîneur de vie vous amènera à réguler cette énergie. Heureusement, nous avons rencontré l'opposition de nos géniteurs, fondamentale, qui fait comprendre à l'enfant qu'il n'est pas permis d'imposer à autrui sa volonté. La fonction du parent est là essentielle pour éduquer et éveiller dans un même temps les bases du respect mutuel. En ce sens, les familles libertaires, sans conflits apparents où la permissivité est de règle, n'est pas forcément le modèle qui va construire au mieux un adulte pacifié et responsable. Des parents trop attachés au bonheur de leur enfant vont céder trop rapidement et facilement à leurs désirs. D'un autre côté si la toute-puissance de l'enfant et de l'adolescent ne rencontrent ni freins, ni limites, les pulsions pourront s'exprimer parfois dramatiquement. Dans certains cas, le fils peut éprouver la tentation de prendre la place désertée du père et édicter sa propre loi. Il crie, cogne, frappe et fait passer en force sa loi : celle de ses désirs !

Après avoir côtoyé de l'intérieur des grandes entreprises comme la RATP, la SNCF ou encore le monde des gardiens d'immeubles et des centres sociaux, j'aimerais exprimer avec force l'urgence d'être conscient des processus de pression, de violences physiques et morales qui se développent dans nos grandes communautés humaines. L'éducation au respect mutuel, le plus tôt possible dans l'histoire de vie et ensuite au niveau des formations intra-entreprises, intra-familiales, pourra participer à lever le poids des non-dits et des cautionnements inconscients de réalités parfois sordides. C'est une urgence pour enrayer toutes les guerres visibles et invisibles. **Le non-respect de la personne dans son intégrité physique ou psychique est la première cause de mortalité !**

Deux millions de femmes subissent la violence conjugale dans un pays en paix, exemplaire sur le plan mondial et possédant toute la technologie pour faire évoluer l'individu : la France. Cette violence représente 60% des interventions des cars de police de la capitale. Trois femmes sont tuées par leurs conjoints tous les quinze jours ! Mais la violence ne suppose pas que des femmes battues, plus insidieuse et moins visible est celle des hommes. Ne cherchez pas sur votre minitel des repères bibliographiques, il vous sera répondu : *"Il n'existe aucun sujet associant le mot battu avec le mot mari"*. Les femmes fragilisées psychiquement peuvent engendrer des violences parfois irréparables : les maris ne veulent pas répondre à l'escalade de mots ou de gifles, constatent des assistantes sociales. Ils adoptent une position soumise.

Le syndrome du mari martyr est à ce point contraire à nos mythes qu'il confine au refoulement. On plaint une femme maltraitée, un homme battu on en rigole ! Les textes de lois sont une arme redoutable pour la femme qui veut se venger. Principale accusation : l'inceste. Stéphane Ditcher, responsable du mouvement pour la condition paternelle, affirme que c'est l'arme ultime, la bombe atomique des divorces conflictuels. Le mari se trouve dépouillé de son emploi, de son honneur et du droit de visite à ses enfants. Les tribunaux voient aujourd'hui un nombre grandissant de pères victimes d'allégations mensongères. Ping pong infini de la vengeance réciproque, des couples se détruisent ainsi sans échanger un seul coup. **La pulsion cède le pas dans les milieux "cultivés" à des stratégies de contrôle et d'humiliation permanente inscrite dans la vie quotidienne.** Cette violence, ces jeux de pression, sont bien sûr souvent canalisés sur les enfants. Tout commence d'ailleurs à ce moment crucial où l'enfant voue une confiance aveugle à ses parents. Un petit de 2 ou 3 ans pleure car il n'a pas mesuré ses limites et s'est mis en situation de danger. En clair, il vient de sauter par la fenêtre de sa chambre au rez-de-chaussée et s'est abîmé le genou. Sa mère inquiète et prise dans un mouvement contradictoire lui donne une claque et crie encore plus fort, renforçant la terreur de l'enfant. Il faudra s'interroger sur les décalages entre les attentes des parents et le vécu de la personne-enfant. La mère et le père n'auront pas forcément envie d'accepter la colère d'un enfant qu'ils souhaitent sage et conforme aux règles établies, ni les pleurs d'un garçon qu'ils imaginent fort à l'avenir. Cette jeune personne va donc très vite repérer les émotions naturelles qu'il doit refouler pour être aimé et va apprendre à passer de l'être au paraître. Ce "sur moi" qu'elle va commencer à endosser, tout en lui faisant mal au dos, transformera petit à petit ce qui n'a pas pu sincèrement s'exprimer, en ombre. Cette dernière ne ratera pas une occasion de se révéler par voie détournée : frapper son petit frère, ramener des mauvaises notes, insulter votre voisin ou... faire des problèmes intestinaux ! Nous voyons bien que **l'éducation à la non-violence est toujours située sur un fil ténu entre permissions et limites clairement définies.** Souvenons-nous, un enfant non éduqué au respect pourra parfois confondre expression de violence et "marque" d'amour. Il ne mesurera pas complètement la portée de sa violence lorsqu'il répètera plus tard le même scénario. La violence relationnelle prend source dans nos névroses et nos mémoires inscrites, ce n'est pas une raison pour ne pas occuper, adulte, le terrain de notre conscience pour avancer. De l'enfant à la cour de récréation puis de l'adulte au terrain de jeu de l'entreprise, voyons en face la réalité ! Il y a quelque temps, un film de l'éducation nationale a été retransmis à la télévision. Nous y découvrons des parents horrifiés, après avoir observé, pour l'expérience, leurs chérubins dans la cour de récréation. Ils ont vu vivre alors un enfant bien éloigné de ce qu'ils connaissaient dans le havre familial. Untel était couché au sol et recevait des coups sans broncher, unetelle tirait sur les cheveux de sa copine avec délectation pour la faire pleurer. Une autre insultait sa camarade avec une richesse de vocabulaire inconnu à la maison ou encore le fiston chéri était déjà chef de bande, lui si timide et si gentil chez lui. D'autres s'isolaient totalement recroquevillés sur eux-mêmes, alors qu'ils étaient si vivants chez eux. Les parents interviewés n'en revenaient pas ! Et un psychologue expliquait cet apprentissage nécessaire de la vie sociale et communautaire... en oubliant, bien sûr, l'importance vitale de les former pédagogiquement aux règles de respect et d'hygiène relationnelles. Cessez d'être aveugles avec vos chers enfants et osez les voir vraiment avec différents points de vue pour mieux les aimer et les guider !

Le terrain de jeu favori des adultes est le monde de l'entreprise et ce qui s'initialise dans la cour de récréation ne fait que se reproduire plus tard dans cette grande communauté humaine... avec des conséquences parfois plus importantes et sur une plus grande échelle. Selon le bureau international du travail 1000 Américains sont assassinés sur leurs lieux de travail chaque année et 18.000 sont agressés chaque semaine. 2 millions par an sont victimes de violence (voies de faits, coups et blessures, viols, vols...). 220 milliards de marks, tel est le coût pour l'économie allemande de la peur au bureau. 20% de femmes françaises déclarent avoir été victimes de harcèlement sexuel. 53% des employés du Royaume-Uni ont été persécutés sur le lieu de travail. 15% des suicides en Suède ont pour cause le harcèlement psychologique. 1700 Japonais ont contacté le centre d'aide en deux mois pour brimades et tyrannie. Le phénomène est très répandu dans les pays industrialisés. Les entreprises évoluent dans un monde brutal, avec des exigences de plus en plus fortes.

Les pressions exercées sur les individus sont parfois tellement insidieuses que beaucoup de responsables me répondent souvent : *"Moi, ça va, j'assume... le stress me stimule"*. Oui, un certain temps ! Les phénomènes de saturation du système peuvent prendre des détours imprévisibles : changement progressif du caractère, froideur protectrice qui mène à l'attitude bourreau, protectionnisme qui construit la future victime, pâleur et cheveux qui "blanchissent" brusquement, puis coups de pompe, vertiges indiquant la démission progressive du système neurovégétatif, des surrénales et de la vitalité en général. Nous reviendrons sur ce phénomène dans un prochain guide consacré au monde du travail.

Regardons à présent avec notre entraîneur de vie le principal jeu psychologique et comportemental qui agit en permanence dans la vie relationnelle. Découvrons certains mécanismes par lesquels nous polluons nos relations pour en faire des jeux de pression, voire de violence.

Ose regarder en face ton triangle infernal :
Qui est la victime que tu portes ?
Qui est le bourreau que tu exprimes ?
Qui est le sauveur que tu joues ?

1. *Extrait ouvrage* Pour ne pas vivre sur la planète TAIRE, *de Jacques Salomé, éd. Albin Michel.*

Le cycle de la violence

"La pire des colères, la plus terrible,
est la colère sincère qui se nourrit
de ses propres certitudes"[1].

15e attention relationnelle :
LE TRIANGLE INFERNAL DES RELATIONS

1. **Victime plus ou moins consciente**, vous êtes quelqu'un d'agréable, consciencieux et vous donnez le meilleur de vous-même. Votre confiance en vous est limitée et parfois vous vous sentez obligé d'en rajouter un peu pour vous faire entendre et donner une bonne image de vous. Au fond, vous ne vous aimez pas vraiment tel que vous êtes.

Vous représentez alors la proie recherchée et inavouée de votre prédateur pervers : le bourreau. Vous allez vous faire vampiriser vos bonheurs, votre statut, votre créativité et vous allez être dépouillé petit à petit d'une identité déjà fragile. Comme vous êtes généreux, vous ne voudrez pas vous résoudre de votre côté à répondre par la perversité, vous trouverez des excuses à votre bourreau en espérant qu'il comprendra, qu'il changera, qu'il n'a pas un mauvais fond ! **C'est là votre tendance à culpabiliser qui s'exprime et c'est là que le bourreau pervers va vous accrocher**. Vous allez admettre la critique, les injonctions et vous "tuer" à donner satisfaction, à plaire... jusqu'à devenir l'ombre de vous-même ! Comment réagir ? D'abord vous reconnaître et voir profondément cette dynamique qui vous habite... en sachant que vous n'êtes pas que cela ! Souvent, c'est un événement de vie un peu plus bousculant qui va vous inciter à trancher et oser décider.

Viendra alors la période de reconstruction créative de votre relation à la vie et aux autres. Vous verrez quelques exercices précis vous permettant de faire le passage, un peu plus loin. Vous pourrez vous inspirer des scénarios photographiés pour vous exercer aux positionnements plus ajustés. Vous retrouverez ainsi progressivement de l'énergie et de l'estime personnelle. **Il vous faudra oser et célébrer chaque réussite pour reconstituer votre capital confiance**. Et surtout éviter le piège de basculer à votre tour dans le rôle du bourreau !

2. **Bourreau plus ou moins conscient**, vous êtes charmant ou plutôt charmeur, l'image que vous avez de vous-même est forte et vous brillez en société, aimant vous faire admirer. Vous attirez l'attention sur vous. Centré sur vos certitudes, vous avez tendance à penser que votre vérité est certainement la plus partagée au monde. Votre ins-

tinct de dominant va vite repérer les proies faciles. Tout à coup, le ton de votre voix se fait froid et monocorde. Coupé de votre cœur, votre parole devient condescendante, votre air supérieur et vous employez alors vos techniques favorites : juger, culpabiliser, isoler, disqualifier et brimer. Vous n'écoutez plus car vous êtes à l'opposé de l'empathie, incapable de ressentir la souffrance de l'autre à ce moment-là. Faire souffrir ne vous atteint pas, vous niez l'existence et l'intégrité de l'autre, son humanité ne vous touche pas. La relation perverse que vous instaurez vous enferme, car elle fonctionne comme une drogue. Vous êtes en recherche inconsciente d'une nouvelle situation qui viendra nourrir votre énergie de dominant. Vous remettre en question est quasi impossible. Il faudrait un choc de vie pour vous réveiller. Le passage par une dépression pourrait être salutaire si vous acceptez d'être accompagné dans votre reconstruction. **Si vous persistez sur ce chemin, vous développerez votre talent : taper là où ça fait mal et vous faire passer vous-même victime de votre "bouc émissaire" avec sa prétendue incompétence**. Lorsque votre victime décidera tout à coup de ne plus jouer à votre jeu, vous deviendrez doux comme un agneau ou privé de votre substance vitale, vous chercherez une nouvelle proie. **Comment vous en sortir ?** Si déjà vous prenez conscience de tout cela grâce à un bon miroir, osez vous faire accompagner pour retrouver le chemin de votre cœur. **Pratiquez des activités de sensibilité et de créativité relationnelle**. Si vous lisez attentivement cet ouvrage en vous laissant toucher, vous êtes déjà en train de modifier votre dynamique de bourreau.

3. **Dans la relation bourreau-victime, un jeu complice** s'installe bien souvent. Vous remarquerez que les victimes idéales des bourreaux-moraux sont celles qui, n'ayant pas confiance en elles, en

rajoutent pour se valoriser, se "faire bien voir". Ceci place le pervers dominant face à lui-même. Dans cet effet miroir la victime, niée dans son individualité est le reflet par lequel ils se sentent tous les deux exister. **Ils projettent sur l'autre les failles qu'ils refusent d'admettre en eux**. Cette pathologie du narcissisme a un point commun pour les deux joueurs : **une difficulté majeure à s'aimer et à s'estimer !** Cette tendance est aujourd'hui exacerbée par une société où il faut réussir à tout prix dans un environnement qui manque de repères. Vous êtes en présence de caricatures de l'affirmation de soi. Si vous vous sentez fragile car on vous demande d'être le meilleur, plus performant, à la hauteur, vous êtes sous emprise d'un autoritarisme qui a oublié le sens du mot autorité (*autor* = auteur, acteur responsable). À force d'être un battant, vous allez battre psychiquement les autres. La relation bourreau-victime est co-dépendante dans beaucoup de cas. **Lorsque certaines victimes cessent leur jeu pervers, le bourreau disparaît purement et simplement**. Si la victime n'est dans aucun jeu (une vraie victime !) et subit une pression qui viole son intégrité, elle devra puiser dans son courage pour dénoncer l'agresseur et employer la voie légale qui devient plus efficace ces dernières années. Vous vous reconstruirez alors positivement après le drame.

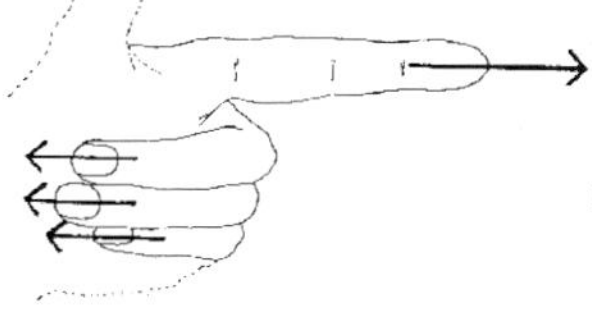

"Lorsque vous pointez votre index pour condamner, accuser et critiquer quelqu'un, vous avez tendance à oublier que trois autres doigts pointent en arrière : vers vous-même."

Kay Pollak

4. **Et le sauveur dans tout cela ?** C'est souvent le grand oublié de l'histoire tant il paraît le bon samaritain qui vient sauver les situations. Vous êtes quelqu'un de protecteur qui pense toujours à donner le bon conseil sur ce qu'il faudrait faire pour se sentir mieux dans telle ou telle situation. Vous envahissez le territoire de l'autre avec vos bons sentiments. Vous avez un cœur "gros comme ça" ! Vous instaurez une relation-samu pleine de gentillesse : *"Je t'assure tu devrais lui répondre ou lui envoyer une lettre en recommandé !"* . **Vous réglez souvent vos propres affaires non classées par procuration**. Mais si l'autre résiste à vos conseils, vous pouvez à votre tour durcir le ton et devenir le bourreau-sauveur... à tout prix ! Vous allez forcer votre enfant à manger végétarien car il sera dans la vérité et vous lui prouverez à quel point c'est bon pour lui, que c'est parce que vous l'aimez. Et en plus vous êtes très sincère !

   Au bureau, ce n'est pas au dominant que vous allez vous en prendre mais à la pauvre secrétaire déjà harcelée sur laquelle vous déverserez votre relation d'aide qui va la placer dans un conflit encore plus difficile à gérer. Vous êtes sans cesse à la recherche de nouvelles recettes pour réussir votre vie et oublier de la vivre.

   La relation du sauveur à la victime et au bourreau est très perverse, elle permet d'entretenir le système dans lequel chaque protagoniste s'enferme de plus en plus. Si vous observez une famille avec trois enfants, vous verrez tourner de manière flagrante ce scénario où chaque enfant prendra, à un moment donné, chacun des trois rôles. Il s'agira pour le parent d'ajuster finement son attitude pour laisser expérimenter ces rôles afin que l'enfant les intègre. Dans un même temps, il s'agira d'apporter une limite et une pédagogie relationnelle. Ainsi le futur adulte ne s'enfermera pas dans sa tendance.

Du triangle infernal à l'adulte responsable :

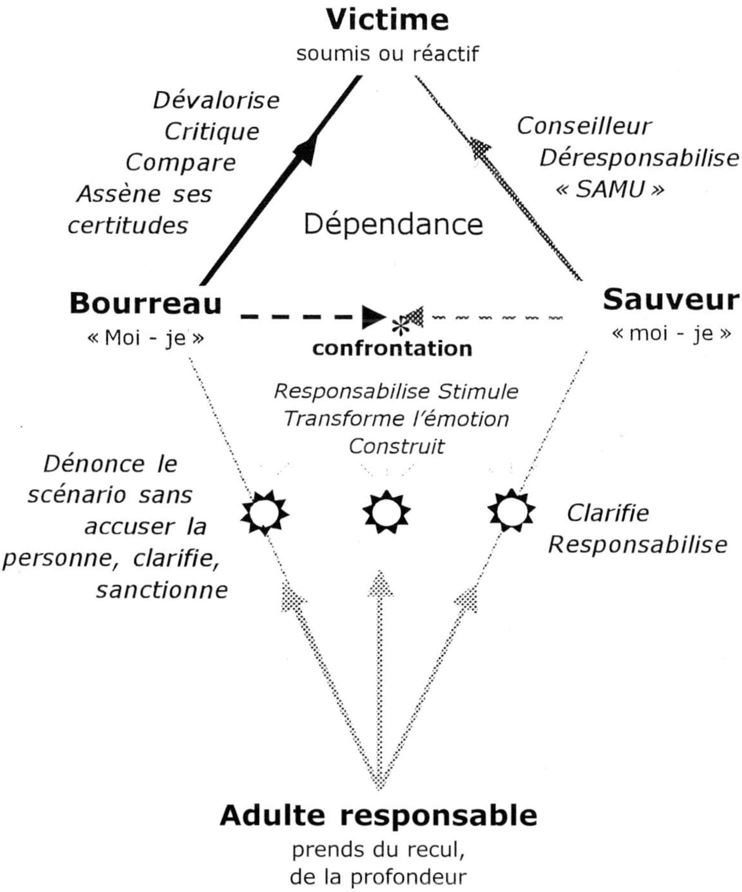

5. **Le dernier pôle concerne l'adulte mûr et autonome** capable de prendre de la profondeur (voir schéma), afin de pouvoir se détacher des attentes ou des demandes des trois autres pour se positionner dans une clarté relationnelle. Adulte, vous vous trouvez dans le triangle d'autonomie et votre premier comportement sera donc de prendre de la distance... pour mieux distinguer le scénario qui se déroule sous vos yeux. Vous ferez confiance

aux premiers signes de malaise qui se présenteront en vous et vous pourrez, comme vous l'avez appris précédemment gérer les émotions contradictoires qui monteront en vous.

- **Quelle est votre position face au bourreau ?**

  Dénoncer le jeu sans accuser la personne :

  "Je ne peux pas accepter ce jeu, je ne veux pas m'y prêter, je souhaite que nous précisions ensemble telle ou telle chose. Je t'apprécie, mais je ne peux pas accepter ce comportement, je ne me sens pas respecté, j'aimerais que nous posions ensemble une règle du jeu précise dans cette situation qui revient sans cesse". Ou encore : *"Je n'accepte pas cette situation, si elle se reproduit, la loi m'aidera à régler ce problème avec toi, je souhaite que tu cesses immédiatement ce que tu es en train de faire".*

  Malheureusement, parfois, il vous faudra apprendre à contacter votre énergie vitale[1] pour "rejeter physiquement" avant de vous positionner fermement.

- **Quelle est votre position face à une victime ?**

  Stimuler et responsabiliser au lieu d'aider :

  "D'après toi, que te faudrait-il pour parler de ce que tu ressens ? Que pourrais-tu envisager pour avoir plus de vitalité ? Quel bénéfice as-tu à rester dans cette situation ? Qu'est-ce que tu gagnerais à t'en sortir ?"

  Un questionnement pertinent, qui évite la logique du conseil avec une bonne empathie, permettra à l'autre de puiser dans ses propres ressources. S'il est vraiment trop affaibli, il s'agira de l'orienter vers une action thérapeutique.

---

1. *Voir dans le 1er guide,* Oser décider, *le chapitre sur l'espace et le territoire, l'exercice du NON.*

- **Quelle est votre position face au sauveur ?** Reconnaître son "bon cœur" et... le renvoyer gentiment dans "ses billes" ! :

  "Je reconnais que tu sais beaucoup de choses, cela m'intéresserait d'en parler avec toi mais aujourd'hui j'ai besoin de faire le point, seul, et peut-être de trouver ce qui me va le mieux dans cette situation. Merci de ton attention !"

Notez sur votre carnet de créativité relationnelle et verbale, les paroles qui vous ont blessé, violenté ainsi que les attitudes et comportements associés. En face, soyez inventif et trouvez les phrases de positionnement en fonction de tous les exemples que l'entraîneur de vie vous a donnés.

Écris ci-dessous un premier exemple :

16e attention relationnelle : **L'ART DE (SE) PACIFIER ET DÉSARMER LA SITUATION CONFLICTUELLE**

Il est temps à présent de se regarder en face et de se responsabiliser face aux charges émotionnelles que nous portons tous et qui pourraient se tromper de destinataire. Avant de pacifier une relation, pacifions-nous intérieurement !

Vous êtes au bureau et votre bourreau "préféré" vous a encore "ulcéré" par ses remarques déplacées et culpabilisantes. Vous rentrez chez vous accablé lorsque votre chien vient se mettre dans vos "pattes". Un bon coup de pied et une injure vous débarrassent du gêneur, mais un moment plus tard votre fils vous avoue une grosse bêtise et la gifle tombe aussitôt avec "moultes" remontrances. Enfin, votre épouse qui vous passait gentiment le café se voit arrosée du liquide brûlant car vous avez par "accident" renversé votre tasse au passage. Toute cette violence déplacée sauve votre peau mais blesse les autres. Vous auriez pu également dire : *"Ne t'inquiète pas, chérie, tout va bien"* et protéger les autres par votre loi du silence. Seulement votre ulcération, elle, continuera à exercer sa violence à l'intérieur de vous. **La violence relationnelle est source de conflits intrapersonnels dont il s'agit de prendre soin. Elle doit être responsabilisée**. Faites machine arrière et imaginez ainsi votre arrivée au foyer : *"Bonsoir, je ne me sens pas très bien, je prends le temps de m'isoler 20 minutes dans ma chambre... Vous savez, je vais faire mon petit rituel qui me permet d'être plus agréable avec vous* (clin d'œil !... complicité !). *À tout de suite !"*. N'entrez surtout pas dans la discussion, ne vous justifiez pas... simplement ces deux phrases qui seront comme un réflexe verbal à chaque fois que vous vous sentez en violence. Allez dans votre pièce-refuge et vivez un rituel de passage pour désarmer votre violence ou tout autre sentiment négatif. "Tout ce qui ne s'exprime pas, s'imprime !".

Maintenant, suivez attentivement l'exercice du sabre proposé par l'entraîneur de vie, il est très puissant et transformant.

Exercice : Le SABRE

- **Objectif :** Maîtriser une violence qui "te gonfle" ou qui "te bouffe", afin de pouvoir te positionner plus sereinement en face de l'événement ou d'une personne, sans retourner cette violence à la mauvaise adresse.

- **Matériel :** Un coussin et un bâton solide. L'exercice peut se réaliser au sol à genoux ou assis sur une chaise, le coussin étant placé sur le sol ou sur une deuxième chaise en face.

- **Préparation :** 30 secondes

Place-toi dans un lieu isolé, prépare-toi à un rituel.

Installe-toi confortablement au sol ou sur une chaise.

Concentre-toi et revis l'événement qui t'a bousculé émotionnellement. Le "sas d'entrée" est un garde-fou. Comme le "sas de sortie", c'est une forme structurée qui te permet de maîtriser seul ce qui va se jouer dans l'exercice :

. Saisis le bâton main dessus/main dessous.

. Elève le bâton à l'horizontale.

. Place-le dans la verticale, main droite en haut.

. Fais glisser main droite vers main gauche et ramène le bout du bâton sous le nombril. L'autre extrémité est posée sur le centre du coussin devant toi. Écoute la respiration du ventre avec le contact du bâton pendant 30 secondes.

Tu viens de déterrer la "hache de guerre".

1re phase : **Mise en charge** – 30 secondes

Mobilise ton énergie, ton émotion dans un mouvement de plus en plus rapide du bâton de haut en bas en t'arrêtant à un centimètre au-dessus du coussin. C'est la respiration de plus en plus rapide et puissante qui accélère et donne l'intensité du mouvement, respire en te "brûlant le nez".

2e phase : **Concentration** – 5 à 10 secondes

Au maximum de l'intensité, suspends le bâton en l'air en bloquant l'inspiration, laisse monter l'émotion par le souvenir de la situation.

3e phase : **Décharge** – Tu mènes à présent ta guerre intérieure (guerre-ir/guérir). Transforme tes maux en mots !

Abats le bâton sur le coussin en lâchant toute ton énergie et évolue sur trois mots :

- NON ! (un coup)
- TIENS ! (plusieurs coups) TIENS ! TIENS !
- CRÈVE ! (un coup)

À chaque fois, entre chaque mot, repasse par une phase de concentration et augmente l'intensité du mot ou de l'expression "retenue" qui a besoin de s'exprimer. Une quatrième expression, la tienne, celle que tu avais rentrée, peut s'exprimer à travers un cri qui contient tout ton ressenti.

Ces mots ont pour objectif :

- De toucher ton fond de violence, de l'exprimer, de le reconnaître afin de ne plus le projeter inconsciemment sur les autres.

- De "crever" cette violence ou l'émotion négative qui te prend et dans laquelle tu t'identifies. Ce n'est pas l'autre, en fait, que tu "crèves", c'est bien ton abcès !

Si tu as peur de faire trop de bruit et d'agresser ton environnement, visualise et vis ces mots, tout en lâchant un souffle puissant.

4e phase : **Recyclage** – 30 secondes, 3 fois de suite

Après chaque décharge, chacun des trois mots : - Ramène le bâton sur le bas-ventre - Respire – Lâche-toi dans tes épaules et dans le ventre – Dilate l'espace intérieur – Perçois la chaleur, les sensations. Fais confiance, c'est dans cette phase que l'acidité disparaît sur tes muqueuses et que la violence s'alchimise.

5e phase : **Le sas de sortie** - 10 secondes

Tu enterres la "hache de guerre". Bâton vertical, puis à l'horizontale, dépose le bâton au sol (et en même temps ta charge) comme pour «déposer les armes» et te pacifier.

6e phase : **Positionnement** – 1 à 3 minutes

Préliminaires, mise en charge, décharge, recyclage… Tel le cycle de l'amour (la poésie en plus !), tu es loin du simple défoulement. C'est bien là un processus réel de transformation qui t'amène à boucler complètement cette phase de positionnement, ton cycle de pacification. À présent lève-toi et visualise debout l'événement devant lequel tu auras à te repositionner sereinement, avec fermeté, dès le lendemain si c'est possible.

Tu peux exprimer les mots que tu as envie de dire à l'autre, sans plus, sans moins, débarrassé de ta charge émotive. Tu pourras alors, le plus tôt possible, te replacer en face de la réalité. Tu seras surpris de voir, une fois face à l'autre, que le ton de ta voix aura désarmé. Dire sans réactivité fera que l'autre va t'écouter ! Tu doutes ? Alors voilà une bonne raison pour essayer honnêtement ! Tu pourras, au bout de ces 5 à 7 minutes de rituel, écouter une bonne musique ou te relaxer pour aller au bout de tes vingt minutes. Reviens vers tes proches avec une bonne chose à leur raconter ou un acte de tendresse. L'arrêt de toute guerre extérieure passe par l'arrêt de toutes nos guerres intérieures. Courage ! Cet exercice peut également te servir pour trancher dans un choix difficile (remplacer le NON par un grand OUI !). Il est possible de le simplifier en restant debout pour trancher, les deux mains réunies "comme un coup de karaté".

Ce rituel permet de mieux métaboliser les stress et d'éviter de les dévier sur les autres ou encore de les retourner contre soi.

Le meilleur moment pour gérer un conflit… c'est le premier ! Sois désarmant.

Ce sont toujours les mêmes personnes qui se "font em... bêter dans la vie" ! Nous attirons ce que nous sommes, nous produisons ce que nous sommes. Dans la majorité des cas, nous avons pu identifier un certain nombre d'ingrédients qui attirent les situations conflictuelles ou les produisent.

Sur le plan physique : une démarche hésitante, non assurée au sol, une gestuelle introvertie, des micromouvements de gêne ou de conflit indiquent déjà la faille dans laquelle l'agresseur alerté par ces signaux va s'engouffrer. Le ton de la voix un peu aiguë et comme brisée par un manque d'énergie viendra renforcer ce méta-langage.

Sur le plan verbal : un langage ambigu, ne marquant pas la limite et ne se positionnant pas clairement ou encore le silence de la peur, achèvera de brosser le tableau de la personne à risque. Regardez comment les jeunes poulets un peu maladifs et repliés sur eux-mêmes se font agresser, "piquer" par les autres dans la basse-cour au moment de "l'adolescence". Eh bien, dans la cour des lycées, nous avons pu remarquer exactement le même phénomène. Ces "grands ados" qui font violence aux plus faibles, menacent, rackettent, harcèlent... ne visent pas n'importe qui. **L'éducation des enfants à la confiance en soi et à l'assertivité est une base essentielle pour faire face à la violence communautaire**. Le plus important est donc de s'intéresser, grâce à notre entraîneur de vie, aux conditions qui vont désarmer la violence, aux comportements et attitudes pacifiantes. Dans mes différents séminaires en développement personnel ainsi qu'en entreprise, cette partie pédagogique reste certainement la plus surprenante pour les stagiaires mais aussi celle qui les marque le plus car très concrète et applicable directement. L'exercice qui suit est issu de mon expérience de 20 années d'arts martiaux et de développement personnel. On peut passer 15 ans derrière un maître sans comprendre ce qui se passe... on le vit et on devient cela.

En Occident, nous avons besoin de comprendre. Aussi, **cette confiance fondamentale qui est la deuxième grande clé avec le respect mutuel**, je l'ai acquise sans vraiment m'en rendre compte. J'ai dû découvrir le vrai "dojo de la vie" pour comprendre l'importance d'appliquer consciemment ces comportements libérateurs. Je vous invite à suivre de près notre entraîneur de vie pour compléter vos pratiques salutaires au quotidien. L'exercice qui suit est très puissant en situation normale ou extrême, il a été expérimenté depuis une vingtaine d'années dans de multiples cas de figure.

Stable... serein... clair et décidé,
tu n'offres plus de surface d'accrochage
à la violence exercée sur toi.
Pour qu'il y ait conflit, il faut être deux.
Sors du jeu... faute de joueur, le jeu s'arrête !

LE 2 S.V.P. - LA RELIANCE

Stabilité physique, sérénité émotionnelle, vérification mentale et précision verbale sont les quatre ingrédients nécessaires pour vous relier à la sensation de la confiance et à votre densité en tant que personne.

1. 2 S.V.P. : **Stabilité physique**

Pieds collés au sol mais prêts au déplacement, relâche tes mollets, tes cuisses pour laisser librement l'énergie du bon sens, de la terre, circuler dans les jambes. Les genoux légèrement débloqués, ton bassin se repositionne.

Devant cette situation où tu te sens nié, agressé, mets-toi en "prise terre", ne laisse pas monter... ta réaction si tu veux plutôt agir lucidement. Tu peux mettre à la terre tout "orage relationnel" et en maîtriser les éclairs destructifs. Ne sois plus foudroyé, tu es équipé pour cela ! Sois attentif à ce que tes muscles ne se contractent pas à nouveau et que tes genoux ne se raidissent pas de peur !

2. 2 S.V.P. : **Sérénité émotionnelle**

Dans un même temps, applique le R.D.I., le réflexe de détente immédiate qui te place exactement dans ton centre de confiance, dans la respiration naturelle du bas-ventre, du fond du bassin et du périnée. Visualise bien le poing qui s'ouvre doucement tel une fleur dans cet espace, épanouis-toi dans le même mouvement où la pression tente de s'installer plus haut et de t'envahir : "*Qui est le maître dans la maison ?*". C'est le moment d'amener ton potentiel dans la vie elle-même ! Maîtrise bien ce relâchement profond salutaire et laisse le souffle libre dans ton "fond".

3. 2 S.**V.**P. : **Vérification mentale**

Vérifie ton attitude... et tranche ! Décidé, au risque de ..., prends une décision claire : "*Je suis à la hauteur - Je fais le poids - Je me respecte, je décide... - Je dis non à cela, calmement*". Une formulation simple et affirmative permet à ton cerveau de travailler dans le bon sens. Faute de clarté, il sera occupé à traiter les craintes et les doutes ! Tu fonctionnes ainsi. Ou alors, fais le vide... et agis. Dans certains cas arrêter la roue infernale du mental est salutaire. Pour cela, rejoins tes sensations, surtout dans le bas du corps et la détente de tes muscles oculaires. Comme tu l'as vu dans l'exercice de la "mayonnaise". Ce qui est déterminant à ce stade, c'est la "reliance" qui s'opère par le biais d'une attention détendue, pour faire "prendre" ces ingrédients entre eux. Si un seul élément n'est pas mis en "présence" des deux autres, quelqu'un pourra facilement te soulever... Tu seras alors "un peu léger" dans cette situation. Par contre, si tu deviens cohérent (ce qui a du corps), armé intérieurement des 2 S.V., on ne pourra quasiment plus te soulever ! Tu feras réellement le poids pour affronter cette situation !

Stable... tranquille... décidé, ton attention relie dans une perception globale ces qualités que tu ressens ensemble. Réunifié, toutes tes ressources sont canalisées vers une action lucide et efficace. Ta manière d'être là devient tout simplement désarmante.

Deux exemples réels montrent à quel point ceci est efficace : dans un grand centre thermal français, nous avons fait l'expérience de placer derrière le bureau d'accueil des hôtesses face à des clients difficiles. Nous avions la chance de connaître les personnes accueillies, curistes assidus et leurs comportements répétitifs. Nous savions qu'ils s'adressaient quasiment toujours aux mêmes hôtesses. Derrière le comptoir d'accueil, nous avons placé deux personnes : une qui avait intégré le 2 S.V.P. et l'autre dans son comportement professionnel habituel. Eh bien, neuf fois sur dix, le client entrait dans le hall et s'écriait : *"C'est inadmissible..."* en se dirigeant vers la personne habituelle, et... inconsciemment changeait de direction pour finir son chemin sur la deuxième personne libérant ainsi son courroux. Répétée, cette expérience montre à quel point l'agresseur choisit sa victime avant tout pour son positionnement non verbal et sa surface d'accrochage perçue. Sans surface d'accroche, l'agression n'a plus "sa prise", il faut bien être deux pour jouer ! **Devenir désarmant est beaucoup plus puissant que d'attaquer ou fuir**.

J'ai failli moi-même être agressé physiquement à la sortie d'une station de métro parisien. J'ai voulu arrêter deux personnes qui s'en prenaient à un Africain. Aussitôt, un des deux agresseurs s'est dirigé vers moi. Il y a quelques années, je me serai mis en posture d'arts martiaux, prêt à répliquer. Ce qui s'est alors passé m'a dépassé ! Comme un réflexe, je me suis senti centré grâce au 2 S.V.P. et j'ai vu cette personne trébucher légèrement, balbutier quelque chose, faire demi-tour en m'insultant et la bagarre s'est arrêtée là... je suis resté l'air hébété en me disant : *"C'est incroyable, ça marche !"*. J'avais réellement désarmé la situation. J'ai pu expérimenter ceci dans des situations moins extrêmes avec le même résultat. Le seul problème, c'est que posséder cette façon d'être, avec cette présence, n'est pas de l'ordre d'un nouveau pouvoir qui vous piègerait autrement. **C'est un potentiel qui permet d'œuvrer à pacifier dans le respect d'autrui**.

4. 2 S.V.**P.** : **Précision verbale**...

La précision verbale est le quatrième élément qui rend entière la relation. Equipé en G.B.S., c'est-à-dire en Gros Bon Sens, grâce aux trois premiers niveaux, votre densité intérieure aura un effet certain sur le ton de votre voix (38% de la communication). Celle-ci, reliée à votre profondeur, gagnera en grave et en harmoniques, ingrédients qui attirent beaucoup moins les agresseurs. Elle n'aura pas le son de la crainte ou de l'ambiguïté. C'est un atout majeur. Ensuite les paroles qui surgiront auront changé de nature : au lieu de rester silencieux, de buter sur les mots, de réagir avec le "oui... mais", de contre-carrer et d'alimenter l'énergie de l'agresseur ou encore de formuler la parole consciente que vous allez regretter par la suite, le 2 S.V.P. bien entraîné, sur des petits cas du quotidien, vous permettra d'ajuster votre réponse. Voici quelques exemples de positionnements adaptés, vous en connaissez déjà certains mais ils vous conduiront encore un peu plus loin...

- **La temporisation** : débordé par la situation, vous utiliserez le mot magique avec le geste associé, afin de préserver votre territoire : *"attendez !"* en pensant et en vivant intérieurement le mot et l'énergie *"calme !"*. Si l'intensité est plus forte, dites plutôt : *"Stop"* ou *"Non".* La main ouverte au niveau du centre de gravité ou du plexus solaire de l'autre, bien centré vers le sol. Gagnez du temps... calmez le jeu !

- **L'aïkido verbal** : surtout, n'affirmez rien avec la personne chargée émotionnellement. Faites-la passer dans la réflexion avec des questions de précision. Au lieu de stopper l'autre dans sa charge, allez dans le même sens physiquement ou verbalement : *"Oui,... qu'est-ce que tu veux dire exactement... Peux-tu préciser ce qui s'est passé vraiment à ce moment-là... Te souviens-tu de l'heure exacte... Excuse-moi, comment t'appelles-tu ? (si la personne se nomme, cela ramène son attention à elle, lui fait reprendre pied)... Rappelle-moi comment ça s'est passé exactement... Est-ce bien sur ce point précisément que ça ne te va pas ?...".*

  Après avoir stoppé (attendez !), enchaînez dans quelques prises-questions de précision en déplaçant l'autre. Ne restez pas sur l'endroit de la charge émotionnelle et si possible, faites asseoir ce "paquet d'émotion" sur une chaise, qui permet de faire descendre l'agressivité cherchant naturellement à "monter" en pression. Vous pouvez également accompagner la charge agressive de l'autre en vous y ouvrant totalement : *"oui, je t'écoute"* en ouvrant les bras sans gêner la direction de l'émotion... qui cherche à rencontrer un obstacle pour devenir plus forte. Enchaînez alors par vos prises-questions avant d'utiliser les propositions verbales qui vont suivre. N'oubliez pas de noter ces phrases-réflexes sur votre cahier de créativité relationnelle et verbale pour pouvoir les visualiser. Anticiper, c'est déjà réussir !

- **La technique de "je, nous"** : c'est simple et efficace. Résistez à dire *"tu",* exprimez-lui plusieurs fois votre ressenti, sa position et passez au *"nous"* qui est une proposition : *"Je me sens agressé lors-*

que j'entends de telles paroles – Je ne suis pas d'accord avec cette façon de faire – Veux-tu que nous en parlions tranquillement". "Je , moi, problème"... "nous" : permet de trouver une solution ensemble !

- **Le disque rayé** : à condition que le ton de votre voix ne se modifie pas et reste tranquille, c'est une belle technique d'affirmation avec des personnes qui veulent à tout prix vous faire changer d'avis. Ils ont une forte énergie qu'il vous faudra maîtriser en la "découpant" et la faisant décroître progressivement :

  Vous : *"J'aimerais partir à l'heure ce soir exceptionnellement."*

  L'autre : *"Mais ce soir, il faut absolument finir le dossier de M. Martin !"*

  Vous : *"J'en suis conscient... mais je souhaite partir à 17h... c'est important."*

  L'autre : *"Oh, tu vas bien te débrouiller, je te connais, préviens quelqu'un, tiens-tu as là mon portable..."*

  Vous : *"C'est vraiment important, je désire partir à 17h."*

  L'autre : *"Mais si tu pars, comment je vais faire moi, c'est pas possible !"*

  Vous : *"J'entends bien, mais ce soir je dois partir au plus tard à 17h."*

  L'autre : *"Oh, arrête avec ça, j'ai compris, mais c'est toujours pareil avec toi, on ne peut pas compter sur toi !"*

  Vous : *"Comme je dois partir à 17h exceptionnellement, j'aimerais m'atteler tout de suite au dossier Martin, ne perdons pas de temps, est-il disponible ?"*

  L'autre : "Bon ça va, prend le dossier et je me débrouillerai tout à l'heure avec, passe une bonne soirée !"

Comme vous le remarquerez, tous les jeux peuvent y passer ! De la simple pression-obligation à la culpabilisation en passant par la fausse gentillesse, il vous faudra ne prêter aucune surface d'accrochage et tenir le cap de votre objectif en restant bien ancré avec le 2 S.V.P. Si l'autre commence à lâcher-prise, lâchez aussi un élément constructif pour la suite.

N'OUBLIEZ PAS VOTRE AMI : "F.R.E.D."

Le conflit se précise, vous devez alors posséder les réflexes qui, par expérience, marchent le mieux et conduiront les "partenaires" à s'écouter... voire s'entendre, du moins à se respecter.

1. **Si vous vous trouvez devant un conflit de valeur**, inutile de vous fatiguer à combattre, c'est le seul type de conflit vraiment très difficile à manier. Regardez le conflit israélo-palestinien. De tels conflits de valeurs, doublés de conflits territoriaux, à moins de passer sur un tout autre niveau, sont insolubles à moyen terme. Sur des différents de type religieux, à notre échelle, c'est l'exemple de la jeune fille musulmane qui veut épouser un jeune homme catholique dans une famille où le père a un positionnement strict. Sur le plan des valeurs, la solution idéale est bien sûr :

   "J'entends ce que tu me dis et je le respecte, ce n'est pas mon choix et je veux bien en parler avec toi pour que tu comprennes ce que je vis.

   - Je respecte tes choix, je souhaite que tu respectes les miens. Je veux bien échanger sur ce que tu vis". Chacun peut assumer ses choix tout en respectant ceux de l'autre. Vous ne pourrez pas aller beaucoup plus loin. Mais le respect précède l'amour... et l'amour est le point commun de toutes les religions et systèmes de valeurs. Être en accord là-dessus est déjà un énorme pas.

2. **Si c'est un conflit d'ordre structurel et territorial** : il s'agira de vous concentrer avec votre ou vos partenaires sur les moyens matériels ou la résolution symbolique.

   Dans une grande entreprise, la tension montait entre des employés hollandais et français, des petits conflits commençaient à poindre. Il aura fallu trois jours pour s'apercevoir que tous les matins, ces personnes se croisaient dans un couloir très étroit, ne respectant pas leur territoire culturel. Les Hollandais s'écartaient le long du mur. Les Français se demandaient pourquoi ils étaient évités ainsi. Au fil des mois, une ambiance particulière, tendue, s'est développée. Depuis, ce couloir a disparu pour laisser place à un véritable espace de passage. Les relations oppressées se sont mises à respirer... les sourires sont revenus. Ce fut aussi l'occasion d'en parler pour trouver des solutions.

   Regardez également les nouveaux conflits qui sont apparus avec les bureaux paysagers ! Habitué à avoir un territoire fermé et bien défini, peut-être avez-vous vécu ce changement radical où vous vous retrouvez sous le regard de tout le monde dans un espace flou. Instinctivement, vous avez dû faire des actes symboliques pour redéfinir un territoire psychique. Que ce soit les plantes vertes-frontières, les photos-repères personnelles ou autre objet signifiant, ces actes sont essentiels pour ne pas transformer cette insécurité liée à l'espace en conflits inter-personnels.

3. **Si le conflit est inter-personnel**, toutes les techniques et positionnements relationnels sont adaptés. Mais, je vous propose de vous présenter un ami qui est redoutable pour pacifier les conflits : **F.R.E.D**.

   Votre compagnon ou votre compagne refuse de sortir ce soir, alors que vous en avez très envie, vous êtes tous deux sous tension et le ton monte vite vers un conflit du quotidien :

Vous : "*Es-tu tout de même d'accord que nous aimons tous les deux aller danser ?*"

Elle (ou lui) : "*Oui, bien sûr, mais là ça ne me dit rien, je me sens fatiguée !*"

Vous : "*Je comprends, qu'est-ce qui te plaît à rester à la maison ce soir ?*"

Elle : "*Eh bien, c'est surtout que j'ai une tonne de choses à faire et demain ça va s'accumuler.*"

Vous : "*Si je comprends bien, tu as besoin de te sentir disponible pour profiter de la soirée.*"

Elle : "*Oui, mais là je me sens pas à sortir !*"

Vous : "*C'est sûr... tu me dis ce que tu en penses... Voilà ce que je te propose : je m'occupe des courses et je prends les enfants au passage à leur cours de chant. Ce soir, je t'invite au restaurant. Notre fille a besoin d'argent de poche en ce moment, je peux lui demander si elle peut te rendre service pour le repassage. Tu peux prendre le temps de te préparer tranquillement, d'être disponible, et moi je suis heureux de vivre cette soirée avec toi. Qu'en penses-tu ?*".

Elle : "*Je me sens respirer, c'est d'accord !*"

Voilà en accéléré, une résolution simple de conflit au quotidien mais qui marche avec des variantes sur la plupart des cas de figure. Regardez bien le processus **F.R.E.D.** :

1. **Les Faits précis** : dans tous conflits, démarrez par un accord. Dans notre exemple : se mettre d'accord sur le fait que vous aimez tous les deux danser.
2. **Les Ressentis** : Faites en sorte que le ressenti, voire l'émotion soient exprimés. C'est alors que les deux personnes pourront se centrer sur l'essentiel. Respectez tout de même votre ressenti et passez un "accusé de réception" : "*Je me sens fatiguée – Je comprends*".

3. Les Évaluations :

- **Le bénéfice** secondaire lié au choix réactif de l'autre. Est-ce que rester à la maison signifie : *"j'ai quelque chose à gagner, un super film à la télé par exemple ou un rendez-vous téléphonique avec la meilleure copine ?"*, ou bien est-ce vraiment, comme c'est le cas, lié à un besoin ?

- **Le besoin fondamental** lié au refus : dans ce cas, le besoin d'être disponible, respectée et entendue de la part de votre partenaire doit vous paraître évident, si vous êtes à l'écoute et non identifié sur votre désir (rappelez-vous le tableau sur les principes de réciprocité). Évaluer et reconnaître le vrai besoin de l'autre vous permettra de réajuster votre demande.

4. La Demande : Entre votre première demande (votre désir : danser) et la nouvelle demande à formuler, s'est glissé **le besoin de l'autre**. Vous avez donc pu comprendre la position de l'autre et cela vous demande de proposer des choses qui auront pour vous un coût (s'occuper des courses). Votre désir est-il toujours aussi fort ? À vous de décider et de reconstruire votre demande pour prendre soin de votre désir dans la réciprocité. Vérifiez bien le nouveau ressenti de l'autre *("je me sens respirer")*... et le vôtre !

Dans un conflit, existe une relation.
Si tu peux te résoudre... à régler le
différent... change de place,
Ce qui est important ce n'est : ni toi (sacrifice),
ni moi (égoïsme), mais la relation (3e terme),
le trait d'union qui nous rend aimant et créatif.

Avec F.R.E.D., vous serez conduit, dans chacune de vos relations conflictuelles à jouer et à privilégier la relation plutôt que la personne. Dans un contexte où la plupart des livres et des formations prônent l'affirmation de soi devant l'autre, c'est une proposition qui vous paraîtra peut-être décevante pour l'obtention de vos désirs. Mais, vous serez surpris de constater à quel point existe quelque chose d'encore plus satisfaisant : faire triompher la relation ! Cela vous demandera une honnêteté relationnelle qui vous rendra clair et fiable.

Écris ci-dessous le scénario verbal d'un conflit passé, présent ou à venir pour t'entraîner intérieurement.

Quel dialogue s'est mis en place, as-tu été ouvert à la réciprocité grâce à F.R.E.D. ?

Si tu es devant un conflit plus violent et que tu ne l'as pas désarmé avec le 2 S.V.P., accepte de faire "profil bas" consciemment, de fuir s'il le faut. Ne reste pas dans ton ego du style "fuir, c'est perdre" et accepte vraiment tes limites. Si tu le peux, demande de l'aide ou fais appel aux moyens légaux, ose en parler ! Prends le courage qui te reste pour te retirer du conflit et vas exprimer ton émotion au bon endroit (voir adresses utiles en fin de chapitre).

En résumé, apprends au plus vite à :

1. Maîtriser ton système émotionnel grâce à l'émotion circulante, le R.D.I., le cycle émotionnel et les "trois inacceptables", afin de rester dans une attention favorisant la clarté relationnelle.

2. Améliorer ton positionnement verbal grâce aux réflexes d'ajustement, de réparties, qui avec l'en-

traînement deviendront automatiques. N'oublie pas ton carnet de créativité relationnelle et verbale !

3. Détecter rapidement le triangle infernal bourreau-victime-sauveur et ses signaux d'alerte dans toute relation où tu te sens mal.

4. Assimiler dans ton corps l'art d'être désarmant et de pacifier les relations grâce au 2 S.V.P. et à l'exercice du sabre.

5. Te rappeler avec F.R.E.D. que l'attention à la relation plus qu'à la personne, pour résoudre un différent, est un signe de maturité relationnelle. Respecte-toi sans "blesser" la relation.

6. Accepter tes limites et oser te faire aider.

7. T'entraîner au quotidien, c'est un exercice salutaire qui te maintiendra en bonne santé relationnelle et émotionnelle. Pacifier n'est pas qu'une idée... c'est une attention agissante.

17e attention relationnelle : **S'ENTRAÎNER AUX RÉFLEXES VERBAUX ANTI-TERRORISME**

Je vous propose, cher lecteur, dans les scènes encadrées qui vont suivre, de vous entraîner concrètement à vous projeter au sein même de ces situations d'agressions verbales et psychologiques. Le personnage sur la photo située à gauche de la page suivante exerce un type de pression bien connue : menace, chantage, etc. La personne située sur la photo de droite sait à présent gérer son émotivité grâce aux entraînements des chapitres précédents. Aussi garde-t-elle sa lucidité pour répondre avec un bon réflexe verbal. Son intention est de se faire respecter, tout en prenant soin de la relation. Ce ne sont là que des exemples et un commencement pour introduire un dialogue positionné. Aussi, voilà ce que vous propose l'entraîneur de vie.

Visualise et éprouve chaque situation.
Projette-toi dedans afin de faire surgir
" tes " situations réelles.
Remplace le personnage " bourreau "
sur la photo de gauche) par quelqu'un de réel
et deviens celui de la photo de droite.
Inscris " ta " réponse ajustée dans le cadre sous
les photos et vois comment tu te sens.

Essaie de continuer ton dialogue imaginaire ou réel (à partir d'une situation vécue) avec le disque rayé et le processus de l'ami F.R.E.D. sans jamais oublier de te centrer dans le 2 S.V.P. pour le ton de la voix, ta cohérence et donc ta crédibilité. Écris ton dialogue et vis-le. Autant donner de nouveaux chemins constructifs à ton cerveau plutôt que tourner en rond dans des carrefours relationnels stériles !

Disqualification :

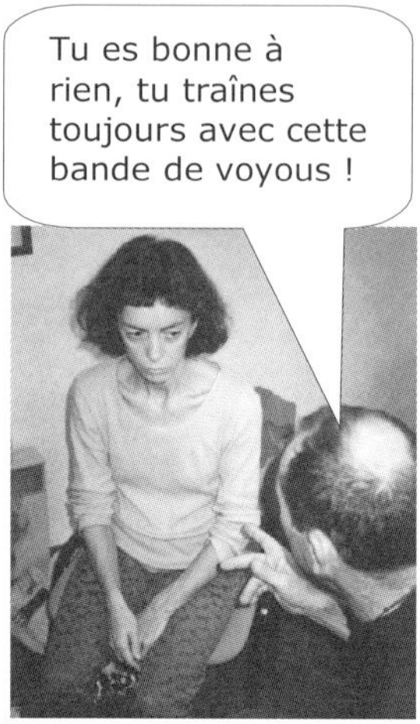

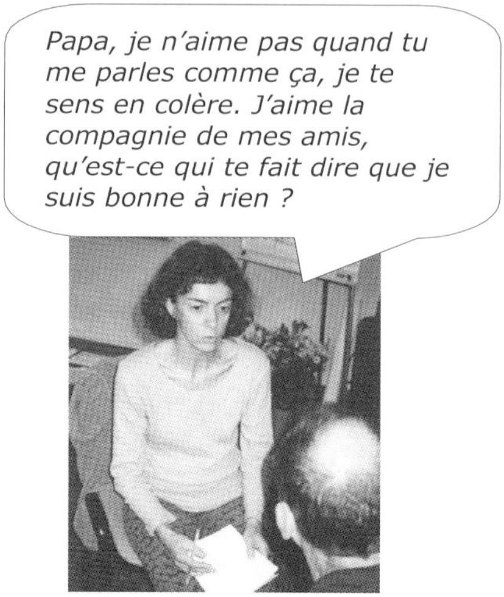

Chantage :

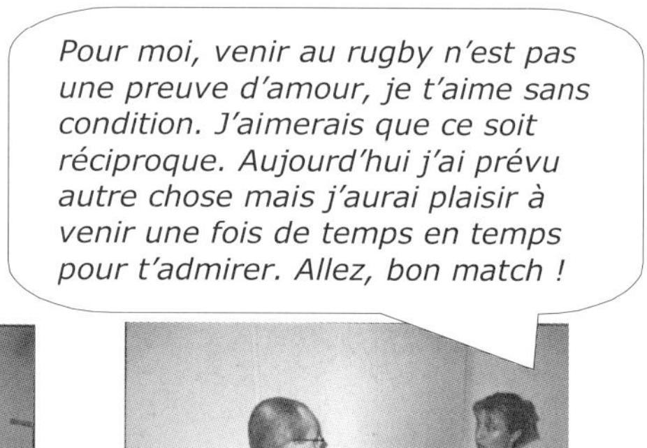

Menace :

Culpabilisation :

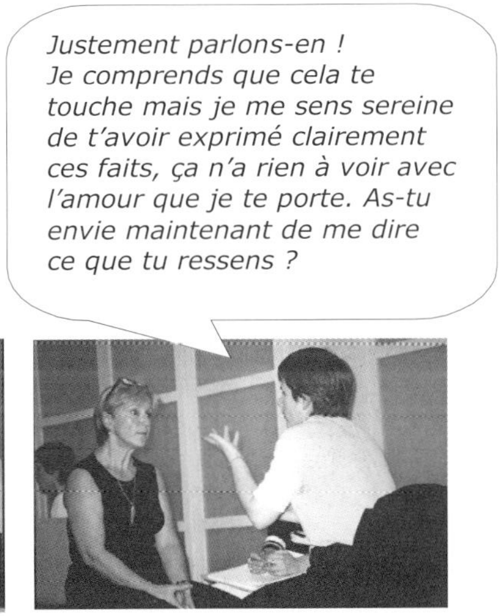

Remuer une vieille blessure :

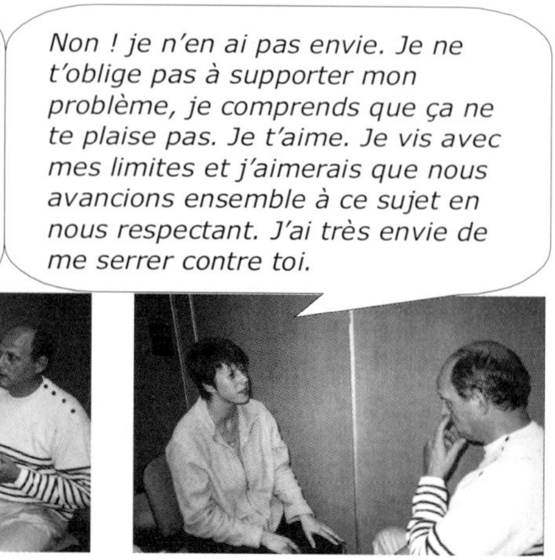

Sauveur :

Fausse gentillesse :

Et *n'oublie pas :*
Toute *personne qui re-agit*
et *une personne touchée !* Ne *prends pas*
cette *réaction pour toi*, cette *personne*
est *atteinte car cela la* concerne. Intéresse-toi *à*
cette *souffrance pour mieux dialoguer*

"Si l'homme garde un esprit paisible, le démon de la peur ne peut pénétrer son esprit, ni même s'en approcher. Il faut former une société d'êtres humains dont la non-peur soit plus forte que les armes. C'est en chacun de nous que doit s'établir l'esprit de sérénité, de mesure, de compassion, de sagesse, et surtout chez les responsables, ceux qui ont la charge de gouverner et d'éduquer."

Maître Deshimaru

Chapitre 5.

"Dans une relation amoureuse, il faut être vraiment prêt à tout... un bonheur est si vite arrivé !"

Jacques Salomé

LIBÉRER LA RELATION DANS LE COUPLE

S'entendre... sans se tendre et s'unir sans confusion pour le meilleur et pour le pire ! N'y a-t-il pas plus beau chemin que celui d'une relation qui se trouve, qui se construit, devient créative et mature ?

Mais sommes-nous faits pour vivre ensemble ? Telle est la première question qui semble se poser tellement "la chose" a l'air d'inquiéter et paraît parfois source de scénarios morbides. Bien sûr, nous entendons parler beaucoup plus souvent des malheurs relationnels dans les médias ou par le "biais des amis" que des belles relations. J'ai aujourd'hui tendance à penser qu'elles sont beaucoup plus nombreuses qu'il n'y paraît, cachées dans le secret d'un bonheur humblement partagé. Que ce soit dans la compagnie d'un ami, d'un compagnon, d'un ou plusieurs amants, d'une épouse légitime ou au sein d'une communauté... Tisser des relations homme-femme est aujourd'hui facilité par le contexte culturel et légal. Il ouvre de plus en plus chacun au choix qui lui apparaît juste pour sa vie, celle du couple et de la famille dans le respect des autres. Mais il est aussi urgent de rendre ces relations plus humaines, plus tolérantes pour permettre à l'amour de grandir. Le nombre croissant de divorces ou de séparations (deux couples sur quatre en France et trois sur quatre en région parisienne) laisse songeur sur la volonté et la capacité à pérenniser le couple. Plus parlant encore, la majorité des divorces se produisent dans l'année suivant la naissance du premier enfant. Chaque individu se met-il à "zapper" à tout ce qui pourrait le remettre en cause ? Faut-il aujourd'hui changer plusieurs fois de vie familiale, recomposer sa vie comme on change plusieurs fois de profession ? Ère de transition, recherche de son identité masculine ou féminine, époque androgyne et ambiguë... chacun de nous est renvoyé à sa propre conscience, c'est ainsi. Cela suppose un fort niveau de responsabilité et d'intelligence relationnelle. Or, aucune éducation sur la relation n'est enseignée à l'école ou à l'université et j'observe dans mes séminaires l'énorme maladresse de chacun à ce sujet. Je remarque aussi que malgré la tendance à l'indépendance existe une très forte demande, un appel pour trouver enfin l'âme sœur. Le nombre de mariages est à nouveau en nette croissance. L'indépendance n'étant qu'un des stades de l'autonomie, un jour ou l'autre le désir de vraiment partager sa vie avec quelqu'un émerge avec force et certitude. Avec le recul de plus de vingt années d'accompagnement, je peux dire que la quasi-totalité des personnes qui ont eu le courage de se remettre en question, de travailler sur elles-mêmes et leur dynamique relationnelle, ont trouvé leur âme-sœur. Ceci dit, la réalité montre aussi que deux Français sur trois ne se retrouvent plus dans le schéma traditionnel du couple marié avec des enfants. D'autre part, **nous voyons que sans évolution personnelle consciente, les modalités de la vie relationnelle et de l'entraide dans les couples restent encore très figées**. Contredisant les discours sur l'émergence des "nouveaux pères", une enquête réalisée par le C.N.R.S. démontre que les mères consacrent deux fois plus de temps à leurs enfants que les pères. Elles assurent encore 80% du "noyau dur" du travail domestique. Entre 1985 et 1998 les hommes ont aidé leur "alter-ego"... dix minutes de plus ! Entre les messages véhiculés par les nouvelles tendances et la réalité de fond, il y a un énorme fossé.

Prenons du recul et voyons en face que notre modèle de couple et familial est loin d'être et d'avoir été toujours la référence absolue.

> La polygamie touche un tiers des habitants de l'Afrique noire et 3% de ceux qui s'installent en France la pratiqueraient encore. En France le PACS date de 1999 mais dans les Rocheuses, cela fait des siècles que les Navajo marient leurs couples homosexuels. Une Française sur sept confesse son infidélité mais au Tibet les femmes se font un devoir (conjugal) de tromper leur mari. En Sibérie, on pratique l'amitié virile avec des mariages collectifs où l'on prête l'autre par la suite. Les Na dans le Sud-Ouest de la Chine sont polyandres : ce sont les femmes qui choisissent les hommes et les enfants grandissent chez l'oncle maternel. Les Aborigènes du Queensland, en Australie, prêtent leurs femmes aux garçons les plus méritants et initient les vierges pubères. À l'inverse, aux îles Marquises, la femme, seule maîtresse à bord, détient le pouvoir de la chair : l'initiative et l'agressivité dans l'acte sexuel lui reviennent. Au Soudan, les femmes stériles choisissent une épouse, elles se font appeler "mari" par l'homme et "papa" par les descendants. Il nous semble très important à la fois de nous déculpabiliser du fait de désirer un modèle différent et en même temps d'être conscient de notre intégration dans la culture spécifique qui est la nôtre.

En effet, tout peut nous paraître possible lorsqu'on réalise que sur une même planète, des formules différentes se côtoient sans jamais être une vérité universelle. Nous avons le droit légitime de choisir notre modèle et nos croyances, telle cette femme blanche diplômée de l'université qui tombe amoureuse d'un chef de village du Cameroun. Elle devient alors l'une des quarante épouses du chef dix années durant et partage la vie de ses "belles-sœurs". Elle découvre la solidarité féminine qui va permettre de créer une exploitation agricole prospère. Cette femme témoigne que la polygamie, pour elle, a été un temps salutaire. Encore une fois, dépassons cette notion de ce qui est bien ou mal pour accepter ce qui est de l'ordre de la justesse pour une personne à un moment donné dans un contexte spécifique.

L'entraîneur de vie vous invite à continuer de vous distancier ou de mieux intégrer les modèles.

Chaque personne a sa " voie relationnelle ".
Ni bonne, ni mauvaise, chaque voie a
sa justesse, son temps et son lieu.
Fais tes choix dans le respect de l'autre
et vis ce que ton cœur te souffle.

18e attention relationnelle : SE LIBÉRER DE LA HONTE ET DE LA CULPABILITÉ

Votre principal obstacle à votre liberté : **LA CULPABILITE**. Celle-ci est un véritable garde-fou pour percevoir les limites à ne pas dépasser. Elle signifie ainsi responsabilité. Il est normal de se sentir coupable d'un acte inacceptable qu'il faudra réparer. Encore que le sens profond de ce mot signifie "être coupé de la source". Lorsque vous avez fauté, pêché (qui se traduit par : louper la cible et non mal faire) vous pouvez rétablir la trajectoire. Vous le ferez d'autant mieux que vous serez lucide et non pollué par un "sentiment de culpabilité" qui paralyse vos ressources. Vous vous interdiriez alors toutes les permissions (le droit d'aimer, de mériter l'autre, d'être soi-même...) dont vous avez besoin pour grandir. Mais comment voulez-vous grandir lorsque depuis toujours vous avez entendu votre entourage dire : *"C'est la faute à... si... - C'est à cause de lui que papa n'est pas revenu –C'est de sa faute si ton frère est malade..."* ou des injonctions apparemment anodines telles que : *"Tu m'as encore fait une saleté, mais qu'est-ce que je vais faire de toi – Il m'a encore fait une angine, etc.".* Retrouvez donc la source de votre être profond et libre pour cultiver la justesse.

Comment pouvez-vous exercer concrètement votre attention à cela ? **Comment pouvez-vous éteindre le feu qui réduit en cendre votre construction personnelle et relationnelle ?**

Les sept alertes de la culpabilité et ses "extincteurs" :

Alerte 1 : **Vous vous sentez porteur d'un secret** de famille, d'un événement a priori non partageable (acte illégal d'un parent, trahison, situation familiale illégitime, comportements non respectueux, viols, etc.). Vous vous sentez un peu, beaucoup, dans le sacrifice.

Extincteur : Accepte d'en parler aujourd'hui en "terrain protégé" avec un thérapeute. Accepte la non-perfection humaine : les auteurs de ce qui te pèse sont responsables (pas toujours coupables !) mais ils ne sont pas que "cela" ! Par contre, tu deviens responsable de te libérer en tant qu'adulte.

Ceci s'applique au courage de parler de ses propres erreurs, de sa honte, de ses blessures, car la culpabilité grossit dans la solitude. Cesse de te sacrifier pour rendre ta vie sacrée.

Alerte 2 : **Vous ressentez de la rancœur**, cela vous oppresse, vous en rêvez, vous attirez éventuellement la même situation aujourd'hui, vous devenez agressif, réactif.

Extincteur : Tant que tu n'as pas pardonné ou redonné effectivement ou symboliquement, tu porteras le fardeau. Mais le pardon est un acte subtil. C'est par le don de ce qui t'empêche d'être que tu pourras te libérer. Or, regarde bien pourquoi tu t'accroches encore à quelque chose qui ne demande qu'à se détacher de toi ! Quel bénéfice inconscient en retires-tu ? Lâche prise et réconcilie-toi avec toi-même en tant qu'offensé... et l'offenseur disparaît ! Symbolise, comme tu l'as vu précédemment (10e principe de positionnement) ce détachement et ouvre-toi résolument au neuf. Envoie de l'amour à ce qui a été et sois porteur d'amour pour ce que tu lègueras au final de ta vie.

Alerte 3 : **Vous avez du mal à distinguer le sentiment de culpabilité de votre niveau de responsabilité**, vous vous sentez dans la confusion.

Extincteur : Quand tu es dans le sentiment de culpabilité, tu tournes en rond dans ton passé, tu te "mines" de l'intérieur, tu t'épuises à ressasser, à t'auto-accuser, te dévaloriser ou à agresser. Quand tu te sens responsable, tu assumes le fait et tu te tournes vers le premier pas du changement. Tu passes du cercle enfermant à la spirale évolutive. Tu apprends plus de la vie que du passé. Cesse de porter les erreurs qui ne t'appartiennent pas. Tu n'es pas responsable des autres mais seulement de ton attitude vis-à-vis des autres.

Alerte 4 : **Vous vous sentez obligé de respecter, voire de satisfaire les désirs de vos parents ou de vos proches**. Cela vous pousse vers des choix qui ne sont pas en accord avec vos vrais choix. Vous vous sentez très souvent en dette dans vos relations.

Extincteur : Fais un rituel de deuil symbolique, redonne ce qui ne t'appartient pas (reprends le principe 10 du positionnement). Tu ne peux pas être dans l'idéal de perfection, cela t'épuiserait. Tu ne dois rien à personne, sinon le libre choix de respecter sa différence, ce qu'il est, et réciproquement. Reconnais tes limites, exprime-les clairement et différencie-toi des messages de fidélité qui ont pétrifié tes ressources.

Alerte 5 : **Vous vous sentez désemparé devant ces personnes qui manient bien la parole** et ont l'art de vous rabaisser, de vous couper lorsque vous vous exprimez, de s'imposer, de vous manipuler. Vous avez peur des chantages affectifs qui réactivent des vieilles blessures.

Extincteur : Redresse-toi physiquement, inspire par le nez en t'appuyant sur ton ventre et... renvoie à l'offenseur soit par une question (exemple : *qu'est-ce qui te fait dire cela exactement ?*), soit par un silence tranquille qui montre que ça n'accroche pas... Tu attends quelque chose de plus intéressant, soit par l'humour (exemple *: non seulement je suis gros mais alors quand je vais exploser...*) ou par un positionnement clair et net (exemple : *écoute, je n'ai vraiment pas envie de jouer à ce jeu-là. As-tu quelque chose d'intéressant à me dire car j'apprécie cette soirée avec toi).* Deviens désarmant ! Au fur et à mesure, tu prendras plaisir à te repositionner ainsi et à faire grandir ton estime personnelle. Sois sensible, alerté à toute forme de manipulation.

Alerte 6 : **Vous donnez plus d'importance à ce que vous faites "mal" qu'à ce que vous faites de bon et de "bien".** Vous êtes expert en neutralisation de ce qui pourrait éventuellement vous faire exister positivement. Vous restez fidèle au message : *"tu es nul, désespérément bon à rien...".* Vous pouvez rajouter : *"moche, maladroit, incapable de réussir quoi que ce soit...".* Je suis sûr que vous pouvez continuer facilement la liste ! Ce que vous produisez là attire donc toutes les frustrations/échecs liés à votre culpabilité.

Extincteur : Remonte ton niveau d'estime et reconstruit une image plus juste de toi-même. Autorise-toi à être ce que tu es en bien comme en mal et va vers ce qui est "ajusté" pour toi, pour l'autre. Ce réflexe de tout neutraliser, voire de tout déprécier, est une façon de ne jamais te donner de la valeur. Sois donc valeureux, tu es le mieux placé pour prendre soin de tes richesses, laisse-les circuler, ne t'épargne pas en reconnaissance, accepte les messages de valorisation des autres... fais-les répéter avec humour et thésaurise dans un cahier ou dans une boîte ces pierres précieuses qui reconstruisent ton narcissisme. Donne enfin de la valeur à ce que tu es, ce que tu fais et aimerais avoir. Autorise-toi à dépasser ceux qui t'ont précédé. Tu mérites naturellement, sans que personne n'ait à te limiter là-dessus, tous les choix. ***"L'impossible n'est que le commencement de tous les possibles" !***

Alerte 7 : **Vous avez des difficultés à vous donner du plaisir, à ressentir de la joie**, à communier avec les autres pour partager les réussites, vous réjouir avec eux et à vous sentir aimable.

Extincteur : Donne-toi des permissions, ose reconnaître les moments de bonheur. T'interdire en silence te place en alerte 3. Fais un premier pas, puis un autre... Si tu commences à sourire, à éprouver une nouvelle sensation... avec ce nouvel ami par exemple, exprime-lui cette nouveauté et célébrez cela ensemble ! Si tu hésites à te faire plaisir, regarde simplement si tu es là en train de faire du tort à quelqu'un. Sinon, confronte-toi avec courage car tu es aujourd'hui responsable et non coupable. Si tu penses ne pas être aimable, tu te coupes de la source : l'amour, c'est la seule vraie culpabilité. Celui qui sait aimer peut seul savoir combien on l'aime. Maintiens bien ce désir légitime auquel tu as droit : être heureux en amour.

Ami lecteur, je sais à quel point tout ceci est essentiel, aussi reste quelques minutes à méditer ces sept alertes et écris ci-dessous la synthèse de ce que tu as retenu et tes premiers pas pour évoluer. N'hésite surtout pas à en parler avec un thérapeute si tu te reconnais avec intensité dans une ou plusieurs de ces alertes.

PEUT-ON ÊTRE VRAIMENT SOI-MÊME À DEUX ?

Vous voici donc équipé pour aborder sereinement cette nouvelle question : peut-on concilier "JE" déculpabilisé avec "NOUS DEUX" ?

Si l'on croit le responsable du Centre d'étude sur les liens sociaux François de Singly : *"c'est l'inflation des attentes, cette sorte de cumul de mandats conjugaux"* qui rend aujourd'hui le couple si instable. Le sentiment amoureux exige la liberté pour s'épanouir, la flamme n'est pas liée au contrat. "*Mais*, nous dit François de Singly, *de son partenaire on attend tout : l'amour, le sexe, l'éducation des enfants et la réussite professionnelle. Alors quand ça va mal on préfère se séparer et recommencer l'expérience avec un autre partenaire*". C'est comme si ces attentes étaient liées à une sorte d'obligation de réussite qui se perçoit un peu dans tous les domaines (obligation de résultat, de qualité, de rentabilité, etc.). De plus, il semblerait que nous voulions un modèle absolu, le beurre et l'argent du beurre en quelque sorte. Surtout ne pas choisir entre "être seul" ou "être avec" mais parier sur le "être libre ensemble". Les couples ont de l'ambition, peut-être trop. La monogamie doublée de la fidélité sexuelle exige un trop grand renoncement à la libre expression de soi dans une société qui prône le "*deviens toi-même*" ! Tenté par la polygamie, c'est en fait dans la monogamie séquentielle que la famille bourgeoise d'aujourd'hui se complaît. La vie à deux reste donc le modèle dominant et majoritairement accepté, une vie stable pour élever les enfants (rôle parental), une vie codée et ritualisée pour le couple avec un espace extra-conjugal instable à côté. La grande différence, c'est que les femmes sont maintenant de la partie et osent vivre au grand jour leur champ de liberté.

> Nous devenons si semblables... et pourtant : quand les femmes s'expriment, l'analyse au scanner révèle une activité des deux hémisphères cérébraux simultanément, alors que chez l'homme seul l'hémisphère gauche réagit. Une femme peut parler et écouter en même temps. Grâce au déploiement spécifique d'hormones féminines, les œstrogènes "boostent" les liens entre les deux hémisphères, incitant les cellules nerveuses à créer jusqu'à 30% de connexions en plus que chez l'homme. Son corps calleux (zone de communication entre les deux hémisphères) est plus épais, ce qui signifie plus de fibres nerveuses et de meilleures con-

nexions entre les deux hémisphères... Les chercheurs en déduisent une meilleure utilisation des potentiels de communication et d'intuition. Les hommes à "cerveau-féminin" peuvent avoir ce type de fonctionnement neuronal.

Traduction de notre entraîneur de vie :

VIVE LA DIFFERENCE !

Ne t'étonne plus si les salles d'attente des orthophonistes sont remplies de petits garçons. En tant que cerveau-masculin, tu devras apprendre vraiment à communiquer mais surtout à voir avec humour ces différences de style.

C'est tout à fait naturel, par exemple, si tu vois ta compagne se concentrer sur la taille d'un bonzaï pendant qu'elle explique la comptabilité du mois, tout en surveillant la cuisson de son soufflé !

Lorsque ton cerveau est au repos, 70% de son activité électrique est inerte. Pour madame, avec un temps de repos équivalent, 90% de son activité électrique fonctionne encore !

Elle continue en permanence à percevoir, analyser les informations venant de l'environnement (nuances dans le langage de l'autre, signes non-verbaux, le ton de voix, etc.).

Voilà pourquoi, "homme", tu te sens si souvent décodé, comme transparent pour elle et qu'il est difficile de lui raconter des histoires. Ne te choque pas, maintenant si elle te dit : *"Quoi! tu n'as pas vu comment cette femme te souriait et ces mimiques ridicules... c'était ÉNORME !"*, tu n'auras certainement pas pu avoir la même perception. Tu enregistres le réel différemment.

Moins attentif, moins sensible au détail, plus bref dans ton expression, tu décroches facilement quand elle dépasse cinq, six phrases ! Mesdames, si vous voulez être entendues, cultivez... la concision !

Sais-tu que lorsque les pulsations cardiaques dépassent 100/minutes (lors d'une dispute par exemple), il est impossible physiologiquement de maintenir une écoute normale. Prends le réflexe de te détendre vingt minutes avant de reprendre l'échange ! Tu utilises des stratégies différentes que madame pour arriver à destination, à tes objectifs. Combien de fois, dans les couples, après maintes discussions, arguments, on finit par se dire : *"En fait, on dit la même chose !"* ou encore : *"Bon, eh bien on est arrivé au même résultat !".* Ton cerveau "masculin" repère de manière globale en mémorisant rapidement la trajectoire pour atteindre son objectif. Le cerveau féminin se souvient et se repère grâce à une succession de détails, une sorte de "pointillisme" qui le fait arriver différemment au même objectif (travaux de l'université d'Ontario-Canada en imagerie à résonance magnétique). Voilà pourquoi lorsque ta compagne devient "pointilleuse" sur telle ou telle chose et te fait perdre ton temps avec des détails que tu juges inutile..., tu t'énerves ! Comme ton taux de testostérone est plus élevé, tu es prédisposé à l'action et à l'agressivité. C'est ainsi qu'elle s'épuise parfois à "calmer le jeu". Elle a besoin de précision et de patience avant de s'engager (toi, tu es déjà arrivé dans ta tête).

> Patience et action sont dans un même bateau, vision globale et perception détaillée se sont invitées... et doivent ramer dans la même direction pour atteindre le même objectif. Quelle richesse... ou quel désastre !

Biologiquement, elle est dans son nid et toi... dans ton tunnel ! Tu es doté d'œillères qui t'excusent amplement pour certaines de tes maladresses mais servent tes instincts hérités de chasseurs. Tu as toujours eu besoin de repérer, fixer et suivre ta proie au loin, si bien que tu as développé une meilleure acuité qu'elle et une représentation spatiale plus performante (étude menée par les psychologues de l'Institut de MonVole - Australie), sauf dans la deuxième partie de vie. Tu peux voir plus facilement un petit objet, même mobile, dans ton champ visuel. Tu pourras déceler un léger mouvement dans le feuillage d'un arbre alors que ta compagne aura aperçu les deux chaussettes dépareillées que tu portes aujourd'hui ! Quant à l'aptitude spatiale, elle te rattrape tous les mois, au moment du syndrome prémenstruel, lorsque ses hormones œstrogènes sont en chute libre… et améliorent de manière remarquable ses performances au volant !

Une vision périphérique, doublée d'une meilleure vision stéréoscopique (étude menée en 1993 à l'université Simon Fraser – États-Unis) lui permettent, sans même tourner la tête, d'inventorier sur le champ tout ou presque le contenu de ton placard, alors que tu es contraint à bouger la tête de gauche à droite et de haut en bas… sous les yeux étonnés de ta compagne qui croit que tu le fais exprès !

Autre source de conflit, tu es obligé de tourner la tête (en forçant vers l'avant !) pour suivre les courbes féminines. Traduction de ta chère et tendre : tu mates ! Mais pendant ce temps, elle a déjà tout enregistré sans avoir eu le moindre mouvement, du beau mâle qui vous a croisé en même temps !

Tu es plus résistant au stress conjugal que ta compagne. Sache-le, 292 femmes dont 175 mariées suivies pendant six années ont été observées avec des protocoles scientifiques (étude menée à l'institut de Stockholm - Suède). À la fin de l'étude, 52 avaient succombé à des problèmes cardiaques directement liés au stress conjugal ! Si le taux élevé d'adrénaline ou de cortisol (hormones du stress) bénéfiques à court terme se prolonge trop longtemps, il finira par altérer certains tissus, user le cœur en quelques mois, faire disparaître les règles, provoquer des pertes osseuses et nuire aux fonctions cérébrales ainsi qu'aux fonctions immunitaires.

> Quand tu as une bonne dispute de courte durée, cela semble extrêmement positif pour le couple et l'équilibre hormonal n'en pâtit pas. Mais si cela dure et qu'on y ajoute les sarcasmes, les dénigrements, le chantage affectif... qui ne permettent pas de crever l'abcès et de résoudre le conflit, la frustration et le stress font des dégâts. Le taux de cortisol est chez ta compagne une alarme de ce qui se passera plus tard. Ce phénomène ne se produit quasiment pas chez toi qui mobilise autrement ton organisme pour faire face. Elle, plus sensible, plus "atteinte" en profondeur que toi, nourrit dans la durée son ressenti... Ne l'oublie pas dans la manière dont tu te comporteras dans la prochaine "crise". Quant à elle, un travail sur la gestion émotionnelle, la confiance, la respiration pourra bien sûr l'aider à... te désarmer !

Et l'infidélité dans tout cela ? Eh bien ta biologie, ton cerveau et tes hormones sont soumis à la pression des règles sociales, sinon tu multiplierais les partenaires comme ce fut le cas dans 80% des sociétés humaines (études de l'institut Kinsey - USA, plus grand Centre mondial de recherche sur la sexualité). Tu es poussé à propager ta semence, à te reproduire et ton fort niveau de testostérone, jusqu'à la moitié de ta vie, n'y est pas pour rien. À la quarantaine, ta compagne te rattrape et c'est souvent à ce moment-là qu'elle a un sursaut de désir pour les autres. Tu es capable de détecter le pic d'ovulation d'une autre femme et donc de réveiller inconsciemment un désir infidèle. Elle est attirée dans cette même période par le mâle le plus dominant et se laissera plus facilement séduire. Le début des infidélités est statistiquement lié à ces périodes. C'est ainsi, masculin ou féminin, tu n'es pas adapté complètement aux normes véhiculées par notre culture et cela crée des conflits... qui te font grandir !

19e attention relationnelle :
CULTIVER L'HUMOUR BIO

Voilà, cher athlète de la relation...
de quoi t'entraîner à l'humour bio !

Je te propose de cultiver ton humour sur ce terrain des différences et de transformer systématiquement ce qui t'énerve chez l'autre en une légèreté au quotidien. Pour cela, les explications biologiques sont un bon appui... avec toutes leurs limites bien sûr !

> Quelles différences observes-tu chez ton complémentaire qui sont sources de querelles régulières ?
>
> En vois-tu aujourd'hui l'origine biologique ?
>
> Comment vas-tu cultiver un humour léger et respectueux avec l'autre ?

UNE RELATION DE COUPLE ACCOMPLIE, C'EST QUOI AU FOND ?

"Une attitude quasi-spirituelle", comme le suggère Christiane Singer dans son ouvrage, *Éloge du mariage, de l'engagement et autres folies*[2] ? *"Un ajustement permanent et un respect mutuel",* comme l'écrit depuis des années Jacques Salomé[1] (souvenez-

1. Christiane Singer, éd. Albin Michel.
2. Jacques Salomé, psychologue et formateur en relations humaines, auteur.

vous, *Parle-moi, j'ai des choses à te dire*, qui a touché des milliers de lecteurs) ? Ou bien encore, une compréhension profonde de nos tendances et leurs remèdes comme nous le propose une équipe de chercheurs américains, auteurs d'une thèse sur "les couples heureux ont leurs secrets"[1] ? Chacune de ces approches montre bien les tendances actuelles et se complètent parfaitement. Il faudrait simplement les... mettre en relation !

Le docteur Gottman et son équipe de l'université de Washington étudient depuis plus de vingt ans des milliers de couples. Son institut se consacre aux liens conjugaux avec des moyens d'investigations scientifiques (caméras, microphones, électrocardiogrammes, détecteurs de mensonges, analyses hormonales, techniques d'entretien, etc.), qui permettent de ne pas projeter des théories plus ou moins idéalistes sur le couple et de constater dans le réel du quotidien, ce qui se joue pour la majorité d'entre nous. Le docteur Gottman affirme donc, preuves à l'appui, qu'**il est possible de déterminer la qualité d'un mariage, son horizon de longévité, ses aspects positifs et négatifs, afin de dégager ainsi les secrets d'une union heureuse et durable.**

Nous avons voulu en savoir plus, voici donc les résultats de notre investigation :

Près de 20% des couples volontaires et sans problème particulier de départ avaient divorcé à l'issue des dix premières années d'expérience. La moyenne globale des séparations étant deux fois plus importante, c'est là le signe que ces couples étaient bien choisis pour leurs capacités à réussir leurs unions.

L'équipe a alors cherché les variables psychologiques et biologiques permettant chez ces couples de prédire à coup sûr l'échec ou le succès de l'union. Le marqueur le plus fiable de tous fut la variation du taux

---

1. *Équipe de chercheurs américains, éd. J.C. Lattès.*

d'hormones lors des discussions entre partenaires et notamment le taux de cortisol chez la femme. C'est un signal d'alarme de ce qui va se passer plus tard, un marqueur de la pérennité ou non de son mariage qui s'est révélé juste quant au devenir de chaque couple.

La recherche s'est orientée alors sur les comportements, tel le vécu des conflits permettant à un couple de réussir leurs unions et ceux qui maintenaient la femme à un taux de cortisol acceptable. Les partenaires étaient-ils à l'écoute l'un de l'autre ? Leurs sentiments étaient-ils réels ? ou plutôt destructeurs ? Le docteur Gottman a ainsi prédit ces divorces ou ces unions réussies avec plus de 90% de fiabilité sur une vingtaine d'années d'expérience et continue à affiner ses protocoles de recherche.

Résultats :

- **Les couples qui restent ensemble sont ceux qui parviennent à partager cinq fois plus de moments positifs** que de moments négatifs ! Les couples qui laissent ce ratio se dégrader vont à l'échec !

- **Les conflits qui agitent le couple ne sont pas malsains**. Ils permettent de crever les abcès. Par contre, les conflits durables qui s'accompagnent de jeux de manipulation sont la source à long terme de mésentente et de séparation. Le résultat n'est pas explosif à court terme mais plutôt implosif. Le sarcasme, le chantage, la fausse gentillesse... minent en profondeur et font monter le taux de cortisol chez la femme. Profitez-en pour revoir avec un tout autre regard les photos-scénarios, les processus sur la violence et les jeux de manipulation du chapitre 4. Les relations qui oscillent entre explosion verbale et réconciliation rapide font le lit des couples stables.

- **Voici le modèle du couple à risque** selon le docteur Gottman : "La femme introduit une interaction négative, par exemple des railleries, l'homme n'entre pas dans le jeu (domination). La femme répond en se plaignant et l'homme ne réussit pas ou ne souhaite pas désamorcer le conflit (tension). Le conflit s'éternise sur un fait de départ minime. Ce schéma peut être inversé dans l'hypothèse de l'homme-cerveau féminin et la femme-cerveau masculin." **Sortir des scénarios répétitifs pervers est essentiel pour la stabilité du couple.**

- Plus les partenaires, après leur mariage, se plaignent rapidement l'un de l'autre, plus ils maintiendront leur stabilité. **Vérité et franchise semblent "vacciner" contre la détérioration.**

- Les femmes dont les partenaires adoptent des attitudes de dédain ou d'indifférence ont des maladies dans les quatre années suivantes. Ceci confirme le travail de l'université de l'Ohio sur les marqueurs prédictifs du stress et de l'immunité. Ce type de situation est un gage d'échec du couple. **L'attitude bienveillante et compréhensive est le baume d'un couple réussi.**

- Enfin, désolé messieurs, mais toutes les expériences montrent que lorsque vous participez aux tâches ménagères... vous aurez la chance de connaître un mariage plus heureux, une meilleure santé et une vie sexuelle plus riche. Ceci dit, tout dépend du comment ! Nous verrons que les observations montrent que tout cela doit rester naturel, le jeu du donnant-donnant est à éviter par exemple. C'est bien connu, pour la femme, c'est quand tout le reste est en ordre que le sexe prend sa vraie dimension, alors que pour l'homme c'est quand le sexe est comblé qu'on peut penser au reste. Dans le mariage longue durée, la première formule semble la plus ajustée !

Le gros avantage de ce type de recherche est bien sûr sa précision avec des protocoles fiables. Il est souhaitable d'approfondir cette voie rigoureuse sur un terrain où l'on peut vraiment tout affirmer. Ceci dit le docteur Gottman reconnaît lui-même la justesse du travail produit par un bon nombre d'experts ou de "sages", la majorité de leurs préceptes se révèlent vérifiés, même si d'autres s'avèrent être la projection de leurs auteurs. Le type d'approche telle que la méthode E.S.P.E.R.E. de Jacques Salomé permet de trouver les repères d'une grammaire relationnelle qui nous a manqué à l'école, mode d'emploi nécessaire pour appliquer concrètement ce que les chercheurs découvrent au fur et à mesure. Nous nous sommes attachés tout au long de cet ouvrage à renforcer cet art d'être ajusté avec l'autre. La troisième approche est une sublimation du biologique par la conscience.

Trois positions complémentaires se confirment :

- *"Je pense que le comportement social de l'individu, homme ou femme, se construit tout d'abord à partir d'éléments biologiques" :* Jean Didier Vincent, neurobiologiste, professeur à l'institut universitaire de France.

- *"L'être humain n'est pas un animal biologique. Ce n'est pas la voie biologique qui règlera les problèmes de l'humanité" :* Elisabeth Badinter, la Croix 02/09/1995.

- *"Il n'y a aucun secours à attendre ni de la philosophie, ni de la morale, ni d'aucun savoir constitué. Il est probable que les seuls modèles adaptés pour nous permettre d'avancer sont la haute voltige et l'art du funambule. Un mariage ne se contracte pas. Il se danse. À nos risques et périls"* : Christiane Singer, philosophe et écrivain.

Chacun, chacune part d'un "point de vue" et bien souvent c'est la vision globale, voire paradoxale qui s'avère la plus sage !

20e attention relationnelle :
LA RELATION D'ÊTRE A ÊTRE

K.G. Dürckheim, avec qui j'ai eu la chance de traverser certaines de mes ombres et de m'ouvrir à des expériences "numineuses", avait cet art de toucher la profondeur de l'être et d'éveiller la transcendance dans chaque personne. Je me souviens de cette journée enneigée où nous étions assis en face de lui, comme tendus vers une vérité qui allait être révélée. Pendant une heure, de toute sa présence, il a posé une seule question : *"Au fond, est-ce que vous vous aimez ?"* et à chaque question renouvelée, à chaque éclair de sa parole, tous nos mensonges fondaient de l'intérieur. Tous nos faux idéaux, nos intérêts personnels, nos voiles s'effondraient pour ne laisser place qu'à cette simple réalité : notre relation s'arrêtait là. Le reste n'était que spéculations. ***"Un sentiment qui est fort ne s'évapore pas avec les questions qu'on se pose",*** nous disait ce grand sage. L'approche initiatique est directe, catalytique (au contraire d'analytique et progressive). K.G. Dürkheim avait cette faculté de faire passer chaque relation sur le mode "d'être à être". Nous avons le choix de vivre la relation sur le plan existentiel : toutes les techniques peuvent nous y aider et nous permettre de réussir quelque chose ensemble. Nous avons, tout en intégrant l'existentiel, le devoir de transcender celui-ci pour trans-former l'amour sur le plan de l'essentiel.

Être UN avec l'autre, sans que personne ne soit dissout, mais au contraire pour qu'une nouvelle personnalisation de chacun dans le couple puisse surgir. Ce qui représente une catastrophe sur le plan existentiel peut être une porte qui s'ouvre sur l'autre côté. Traverser l'inacceptable ensemble suppose d'être reliés sur le plan de l'être et de trouver une nouvelle relation à la souffrance. K.G. Dürckheim dépasse la

"L'amour dans le sens profond du mot est la rencontre avec soi-même dans l'écho de l'autre",
nous dit K.G. Dürckheim.

notion même de la relation, afin qu'elle soit au service de plus large encore. Le besoin de s'écrire, de se téléphoner tous les jours dans l'éloignement, quand l'amour est focalisé de façon souvent compulsive sur la relation, se transforme en une conscience élargie, que l'absence n'est pas solitude. C'est une sorte de muse qui inspire car dans cette "autre présence", beaucoup de choses peuvent se développer et s'épanouir. "Le point cardinal d'une relation devient l'être".

"Le sexe est-il important ?", demande-t-on un jour au vieux sage. *"Oui,* répond-il, *la sexualité est très importante mais cela couvre des choses très différentes !".* L'éveil à l'être essentiel est lié aux premières expériences de l'adolescence où la jeune personne fait enfin l'expérience de l'UNION, du UN et éveille son envie de joindre son autre partie de lui-même. *"Sentir sa présence, se sentir uni à elle, vous permet de vous sentir vous-même dans une profondeur inouïe !".* La sexualité oblige l'homme à se donner totalement, à

perdre son mental et à considérer la femme (son autre partie) non plus comme un objet mais comme un sujet. Pour la femme, il s'agit de se lâcher complètement, de pouvoir s'ouvrir. Finalement, c'est la même chose lorsqu'il s'agit de trouver son être essentiel, c'est un acte d'union, il s'agit de perdre cette distance, cette peur de sentir la terre se dérober sous ses pieds pour s'unir au "Tout Autre". L'engagement à deux est le risque de cette profondeur comme l'exprime si bien Christiane Singer : *"Trop longtemps pratiqué, le non-engagement (en amour, en métier, en chemin de vie) rend léger, de plus en plus léger, inconsistant. Le non-engagement qui se prolonge dans nos sécurités... n'est déjà plus du vivant, l'âme s'étiole".* S'engager sur le plan de l'être contient le risque d'Être et d'Aimer, comme le dit K.G. Dürckheim : *"il est important de distinguer le fait d'avoir éprouvé... disons... la lumière que vous êtes au fond de vous-même et l'exigence de devoir construire et laisser grandir la lampe dans laquelle elle doit vivre".* Le sens de la vie humaine n'est pas d'avoir des expériences mais de devenir une personne. Une telle expérience représente un des sommets de ce que l'homme peut sentir.

Comment votre couple répond-il à cette question de l'être et d'un chemin mutuel vers le "Tout Autre" ? Quel sens a votre union ? Quelle direction prend-elle ?

Cette sublimation de l'ego, puis de la notion de relation qui devient au service de l'être, transforme totalement l'orientation du couple. Cela lui permet de se distancier de son biologique, de ses jeux de conflits relationnels et d'évoluer dans un amour gratuit (fait de grâce).

Mais ne rêvons pas, cela représente une partie tellement infime de la population qu'il nous faut bien accepter de continuer à dégager la voie humblement. En effet, si l'accès au couple spirituel s'élabore trop vite, sans processus de maturité... le biologique et l'ombre ne tarderont pas à refaire surface, parfois avec violence ! Pour nous, libérés et ouverts dans ces choix de vie relationnelle, **le mariage peut redevenir un véritable acte de conscience non conditionné**, une orientation de l'amour qui s'incarne dans un projet à deux.

Ce modèle reste aujourd'hui le plus pratiqué dans notre culture, aussi est-il important de regarder en face :

- **Pourquoi certains couples résistent à l'épreuve du temps**, tandis que la relation de certains autres ressemble à une bombe à retardement ?
- **Quels sont les critères les plus fiables** sur lesquels peuvent s'appuyer deux personnes engagées pour pérenniser au mieux leur union ?

Nous avons vu ensemble que les expériences les plus convaincantes suivies à ce jour, viennent du laboratoire de Seattle aux USA. Trois études menées séparément indiquent un taux d'exactitude des prédictions de longévité ou de dissolution des mariages à 91%. Le temps leur a donné raison et nous pouvons nous appuyer en partie sur ces résultats pour répondre à nos deux questions.

Tout d'abord, observons que sur une période de quarante ans, un premier mariage a 67% de chances de se terminer en divorce. Le taux de divorce des seconds mariages est de 10% supérieur. Selon l'institut national d'études démographiques, on enregistre en France 120.000 divorces par an dont la moitié dans les sept premières années de mariage. Le plus triste est que la plupart du temps les deux partenaires ne réalisent qu'après coup la valeur de ce à quoi ils ont renoncé en se séparant. Mais **une union malheureuse fragilise au point d'augmenter de 35% les risques de maladie et d'écourter l'espérance de vie de quatre ans** en moyenne. Les partenaires en difficulté sont en irritation psychologique, chronique et diffuse, ils usent leur potentiel santé. **Les couples heureux au contraire prennent de l'attention mutuelle, jouissent d'une meilleure santé et vivent plus longtemps**.

Exposés aux agressions microbiennes, les globules blancs des femmes et des hommes heureux en ménage se multiplient en bien plus grand nombre que chez les couples tendus ou neutres. Les défenseurs du système immunitaire sont un bon repère pour évaluer le niveau de santé et de bonheur d'une famille. Les enfants sont des radars extrêmement sensibles et captent parfaitement les maux parentaux. Ceux qui sont soumis à ces tensions sécrètent en permanence un taux d'hormones de stress plus élevé. Absentéisme scolaire, dépression, rejet du groupe et agressivité deviennent leurs soucis. Cela confirme le fait d'arrêter de se culpabiliser et de soi-disant protéger les enfants en conservant artificiellement pour eux un mariage malheureux.

Il est intéressant de noter que les thérapies de couple passées au crible des statistiques échouent la plupart du temps à court terme. Les théories fondées par les thérapeutes les plus doués sont aujourd'hui non pertinentes mais restent encore bien ancrées dans les pratiques actuelles. La thérapie "Rogérienne" basée sur l'écoute active pour n'en citer qu'une, amène le couple à une écoute inconditionnelle qui permettrait de pacifier les conflits. Mais cette approche ne fonctionne pas. Une étude réalisée à Munich[1] démontre que la plupart des couples restent toujours en conflit ou ont rechuté en moins d'un an. Toutes les méthodes de thérapie conjugale fondées sur la résolution de conflits, ont un taux fort de rechutes. La meilleure, la méthode Jacobson, n'a qu'un taux de réussite de 35% puis de 18% au bout d'un an. Ces approches exigent des couples une gymnastique affective inadaptée. Dans la réalité, il leur est impossible de résoudre leurs conflits de cette manière... L'apprentissage d'une meilleure communication ne semble pas être le critère fiable d'un couple pérenne.

D'autres mythes "à la vie dure" s'écroulent petit à petit :

Tel le mythe de la croyance que les névroses ou les problèmes de personnalité peuvent être la source des mésententes du couple. En fait, le secret d'un mariage heureux n'est pas d'être deux individus normaux ensemble mais de pouvoir s'ajuster quels que soient les problèmes des deux. La fameuse complémentarité des névroses ! *"Si on peut vivre avec la tare de l'autre et y réagir de façon attentionnée, affectueuse et respectueuse, on peut parfaitement s'épanouir dans le couple"*, nous dit en substance le Dr Gottman.

Un autre mythe est celui du donnant-donnant : c'est le cas des couples qui tiennent consciemment ou non des comptes conjugaux[2] et se mettent dans le cercle infernal des dettes réciproques, par

---

1. Le Dr Kurt Hahlweg et ses associés étudièrent les résultats de cette approche.
2. Étude du divorce, Mediation project de Corte Madera - Californie.

exemple : *"Je fais la vaisselle, en échange tu fais le ménage, j'ai descendu les poubelles... Tu n'as toujours pas réparé la douche !"*. Les partenaires se rendent la pareille... à tout prix, être sur le pied d'égalité du donnant-donnant. Les couples heureux n'ont pas besoin de tout cela. Ils n'ont pas à régler leurs comptes, ils font naturellement les choses... parce qu'ils se sentent bien, à l'aise avec l'autre dans le respect, même si la balance des comptes n'est pas équilibrée.

Un mythe bien ancré est également celui de l'infidélité comme cause principale de divorces. Selon l'étude la plus fiable jamais réalisée sur le divorce, dans 80% des cas, c'est plutôt à cause d'une complicité détruite progressivement que les couples se séparent et non à cause d'une infidélité, ou encore lorsqu'un des partenaires ne se sentait plus aimé, ni apprécié. Seuls 20 à 27% des couples citaient l'infidélité comme cause de séparation.

Enfin, dernier mythe à la mode, nous serions des Martiens et les femmes viendraient de Vénus, ce qui montrerait à quel point nous sommes incompatibles. Or, les mariages qui fonctionnent sont bien à chaque fois composés "d'extraterrestres" !

Attention donc de ne pas se tromper : les différences entre les sexes sont réelles et peuvent "animer" le couple comme nous l'avons vu mais ne sont pas la cause des divorces.

> La femme du Dr Gottman, Julie Gottman, exprime merveilleusement bien la conclusion de cette fabuleuse étude : *"Ce qui fait la réussite d'un couple est simple. Elle est fondée sur une profonde amitié. Par 'amitié' j'entends un véritable respect mutuel et le plaisir d'être en compagnie de l'autre. Ils se connaissent intimement, ils ont une grande estime l'un pour l'autre et expriment leur affection. Ils sont parvenus dans leur vie quotidienne à établir une dynamique qui empêche leurs pensées ou*

sentiments négatifs à l'égard l'un de l'autre (et cela existe chez tous les couples) de submerger leurs pensées ou sentiments positifs. Ils forment ce que j'appelle un couple émotionnellement intelligent."

Cette conclusion est essentielle et je vous invite à la relire attentivement car elle contient l'essence même de votre réussite conjugale. J'ai jugé utile de reprendre certains éléments de ce travail de recherche unique en son genre et j'en remercie les auteurs qui ont su traverser leurs propres convictions pour s'attacher à une méthode très claire et vérifiable.

Laissons à présent notre entraîneur de vie traduire pour nous l'essentiel à retenir pour une vie de couple accomplie et vous engager concrètement sur des "attentions relationnelles".

En amour, comme en couple,
la durée est sœur de l'attention.
" Aime et fais ce que tu veux "
n'est qu'un versant de ta liberté.
Être dans l'Alliance
t'engage sur la voie de la création.
L'attention partagée est le grand troisième.

21e attention relationnelle : **SEPT CLÉS VERIFIÉES POUR DURER À DEUX**

Je vous invite, ami lecteur, à considérer ceci comme l'entraînement à la vie le plus fondamental, si vous souhaitez vivre heureux en couple. Si ce dernier est aussi important (j'espère bien plus !) que votre jogging ou votre natation pratiqués deux à trois fois par semaine, donnez-lui autant d'énergie consciente et vous verrez déjà des changements immédiats !... Même votre santé, voire votre longévité s'en portera encore mieux qu'avec seulement vos exercices physiques ! Le bonheur d'un couple accompli est un art de vivre et d'être qui vous procurera le véritable souffle pour "aller" votre vie.

Entraînement proposé par l'entraîneur de vie :

1re clé : **Soyez libres dans votre voie relationnelle**, sans culpabilité, si elle respecte autrui. Trouvez "votre" formule de couple unique et incomparable qui nourrira votre bonheur et celui de votre famille.

2e clé : **Soyez complices.** Seule la sensation, l'émotion profonde et la certitude intérieure que c'est cette personne-là, telle qu'elle est, que tu aimes... pour ce qu'elle est, sera ton indicateur le plus fiable pour ton engagement de chaque jour. Lorsque ceci est partagé et cultivé, cette dynamique de l'amour peut soulever les montagnes. Mais cela ne suffit pas à se "supporter" mutuellement de nombreuses années. Un autre critère vérifié est cette perception de te sentir "à l'aise" avec l'autre. Te sentir toi-même dans tous les petits gestes du quotidien et surtout de l'intimité. Les couples qui durent ont une attention aux toutes petites choses qui les mettent en contact et qui reviennent sans cesse. Faute de quoi la distance affective se met progressivement en place. Tu n'as pas non plus à te cacher de tes petites manies, tu peux être dans le cabinet de toilette en même temps que l'autre. T'exprimer sous le regard amusé et attendri de l'être aimé quand tu fais le clown, quand tu "pètes", c'est un bon signe de détente mutuelle ou que tu rejoins simplement ton âme d'enfant. **Si la peur de montrer toutes ces facettes disparaît, la joie d'être complice prend naissance. La complicité est liée à l'humour**. Tous les petits défauts de l'autre sont plutôt sources de rituels humoristiques que de prétextes à dénigrer l'autre. Une grimace ou un geste symbolique peut suffire à vous faire passer d'un début de conflit à un clin d'œil mutuel, qui vous fait éclater de rire sous les regards étonnés et attendris de vos amis. La sexualité est un bon reflet de ton niveau de complicité. Les conjoints qui accompagnent les fantasmes de l'autre, tout en se respectant, maintiennent leur niveau de complicité et d'amour plus longtemps. Oser dire et faire ce que tu n'aurais jamais envisagé avec personne d'autre est un gage de confiance. **Expérimentez ensemble, trouvez votre propre façon de vivre et d'évoluer dans l'érotisme et la sexualité en s'ajustant petit à petit, au-delà du bien et du mal, de la culpabilité ou de la honte...** c'est se relier ensemble à la pulsion créatrice de la vie pour un chemin "excitendre". La vie à deux permet cela. Définir ensemble son identité de couple, sa formule magique, celle qui vous va vraiment bien pour vous accorder dans cette vie.

3e clé : **Émerveillez-vous de la différence**, de "l'autreté". Cultive l'envie d'apprendre sans cesse de ton complémentaire, sois curieux, étonné, respectueux et tolérant. Apprends à connaître ton partenaire dans ses moindres détails, ses goûts, ses aversions, ses doutes et ses espoirs... jusqu'à créer ensemble une véritable intimité dans le respect mutuel. Sois attentif aux rêves de l'autre, les reconnaître et s'y intéresser est un gage de bonheur dans le couple.

Si tu connais profondément l'autre, l'amour crée un réseau de racines qui fera la force du couple :

- **Le passé :** Nous nous disons et acceptons mutuellement le passé, l'histoire de l'autre, car tous ces événements ont participé à notre union actuelle. Ceci doit être inconditionnel. Chaque passé a son héritage, sois clair avec cela et positionnez-vous pour le bonheur du couple.

- **Le jeu :** Jouez régulièrement ensemble au jeu de la vérité ou de la connaissance mutuelle. Le but ? En apprendre le plus possible sur l'être aimé en s'amusant à questionner, à deviner… avec quelques gages drôles au passage ! Jouer ensemble est un excellent moyen de prendre le temps de cultiver l'intimité. Je propose (au bon moment !) de construire le jeu ensemble avec l'être aimé et d'établir la liste de questions qui permettra de mieux vous connaître l'un, l'autre.

- **La séparation** : Tous les matins, assure-toi que tu connais au moins un événement de la journée de ton partenaire, intéresse-toi à ce qu'il va vivre et quittez-vous sur une note de tendresse.

- **Les retrouvailles** : Tous les soirs, assure-toi de renouveler la profondeur de la rencontre par un instant de tendresse (ou d'émotion positive) et de commencer la soirée par une conversation ouverte et de détente, sans stress… comme un rituel qui permet de savoir où en est l'autre après cette journée, de vous entendre et de vous comprendre mutuellement.

4e clé : **Cultivez l'intelligence émotionnelle.** Ton couple sera d'autant plus pérenne que tu aiguiseras ta (votre) capacité à faire prédominer une dynamique de pensées et d'émotions constructives sur celles qui sont destructrices. Plus une personne est consciente de ses propres émotions, plus elle sera capable de comprendre les autres, de s'entendre avec eux et plus l'avenir lui sourira… quel que soit son quotient intellectuel ! Il en va de même pour toi et ton couple. Tu peux acquérir, en t'entraînant, une souplesse émotionnelle et comportementale plus intelligente.

Tu dois cependant être attentif à plusieurs critères :

- Rechercher le point sur lequel tu peux t'assouplir.
- Accepter humblement que l'autre puisse avoir raison et t'intéresser à sa proposition.
- Privilégier la position prise avec ton conjoint dans toute décision extérieure au couple ou toute autre situation d'influence. La solidarité est essentielle dans les couples qui durent.

Les techniques de gestion de conflits fonctionnent mal et quelques attentions sont nécessaires :

- 1re attention : **Il te (vous) faudra accepter les conflits de fond** qui ne pourront jamais être résolus, qui feront partie maintenant de ta (votre) vie sous une forme ou une autre**. La solution appropriée est le respect mutuel** et un accord de fond sur ces différences fondamentales qui font aussi votre couple. 70% des conflits conjugaux sont de cet ordre et cette proportion reste quasi identique des années plus tard, malgré les thérapies. C'est là rechoisir encore d'être ensemble ! Resteront alors les conflits, tensions, agacements qui eux seront de superbes occasions de renforcer le troisième terme de votre union : l'amour. Là, inventez, grâce à ce guide, votre propre formule de résolution ou d'attitude constructive face à ces empêcheurs de tourner en rond.
- 2e attention : **Ne te place pas en situation de blocage** mais en souplesse mentale sur tous les conflits de la deuxième catégorie (tension, agacement..). Aies le courage d'aborder le problème sincèrement (même si tu es en colère !). **L'intelligence émotionnelle est un véritable sport intérieur qui te donnera des résultats extraordinaires en terme de bonheur**. S'apaiser d'abord physiquement, temporiser, respirer profon-

dément, s'assouplir et changer le lieu de la discussion avec l'envie sincère d'aboutir (n'oubliez pas que vous avez déjà accepté tous les travers de l'autre !).

- 3e attention : **Soigne le démarrage de l'échange** avec ton partenaire. Ni mépris, ni sarcasmes, ni dévalorisation... mais dire les choses telles qu'elles sont avec peut-être une pointe d'humour ou de tendresse. Sur les petites choses, l'humour d'amplification est vraiment salutaire.

  Elle : "*Ça fait des années que je te dis de ranger tes chaussettes !*

  Lui : "*Et j'espère bien qu'on fêtera ça pour nos vingt ans de mariage... Mais au fond tu as raison, je vais marcher pieds-nus... Qu'en penses-tu ?"*

  ... et rangez tout de même vos chaussettes ! **Rentrez dans l'humour complice à chaque occasion** mais n'oublie pas de reconnaître ce qui t'appartient et de respecter ta solution également, si cela s'avère important. L'humour, comme certains rituels complices rapprochent dans un conflit. Recherche activement ces rituels. Le secret, c'est qu'ils soient compris des deux partenaires.

  Exemple : une grande respiration ensemble et se regarder en silence dix secondes, un geste apaisant reconnu par l'autre, un souvenir commun qui rassemble. Ce temps d'accord vous recale sur votre intelligence émotionnelle. Tu peux bien sûr utiliser ensuite tous les conseils et exercices que tu as découverts tout au long de cet ouvrage mais ne t'étonne pas que le seul endroit où ça marche le moins, ce soit avec l'être aimé qui partage ton quotidien ! Ce n'est pas bien grave... soigne tes critères d'attention spécifiques et cultive ton intelligence émotionnelle.

  Une dernière chose : **offre-toi des sas de défoulement et d'apaisement quand tu reviens d'un milieu stressant** (reprends l'exercice du sabre, dans la 16e attention relationnelle, par exemple). Ce stress peut saboter "l'esprit de couple" très rapidement. Offrez-vous ensuite un temps de réconfort tous les deux (une petite tisane, un câlin, danser un slow, etc.).

5e clé : **Élaborez ensemble les règles du jeu de votre couple**, ce qui est non négociable, incontournable, accepté totalement par les deux partenaires et validé.

C'est votre terrain de jeu, là où vous pourrez marquer des buts ensemble… réaliser des projets communs. **C'est l'aspect structurant d'un couple**. Pour cela, il vous faudra être clairs sur la règle du joueur : quel est le talent, l'apport, la contribution de chacun dans le couple. Ambition et limites seront discutées. C'est une occasion de mieux connaître l'autre et son niveau d'engagement.

Vous pourrez alors aborder ensemble **les règles des joueurs**, à savoir comment vous allez fonctionner avec ces ingrédients, pour vous entendre et prévenir les aléas possibles, qui freineraient la croissance du couple. Cela concerne aussi bien des accords sur les actes ménagers, que la sexualité ou une façon de fonctionner sur les désaccords avec les enfants. Ne cherchez pas à équilibrer quantitativement, c'est toujours la manière dont cela se passe qui prime ! Ces règles ou accords mutuels sont évolutifs, testés et remis en cause au moins une fois par an. Vous pourrez enfin vous clarifier sur **les règles externes** qui mettent en jeu des tiers. La solidarité est encore une fois privilégiée, elle fait partie de la règle du jeu de départ. Se clarifier n'est pas tuer le côté sentimental du couple, tu verras que sur ces bases acceptées mutuellement l'énergie amoureuse en sera d'autant plus libérée. Être clair, c'est s'offrir de la liberté. Tout ce qui reste implicite ressurgira indirectement un jour ou l'autre. Il restera toujours assez de mystère chez l'autre ! Encore une façon positive et durable de vous rechoisir.

6e clé : **Nourrissez l'amour.** Ton entraînement intérieur et relationnel continue avec l'affermissement des qualités qui vont nourrir ton couple. L'amour, passé l'état amoureux et passionné, a besoin d'être nourri.

Toutes les études dont nous avons parlé montrent que si cet état d'être est sous-alimenté, arrivent alors la négativité, le dénigrement, l'irritabilité, la distance affective, la défensive, la dévalorisation et le chantage. Ces sept démons du couple sont insidieux et ceux qui s'y sont adaptés au fil des ans sont devenus de moins en moins heureux et satisfaits. Par contre, les couples qui se sont résolument tournés vers les nourritures vitalisantes sont restés heureux.

Mets en place un système de détection des sept démons qui polluent ton couple, afin que l'air conjugal ne devienne pas irrespirable. Ose parler : "*Qu'est-ce qui se passe en ce moment avec nous ? je me sens pas bien...*". Ose déclencher l'antidote avant que les toxiques annihilent le discernement. Que ce soit avec ta propre insécurité ou le silence impuissant de l'autre, il faudra traverser les empêcheurs d'aimer en exprimant puis rechoisir ensemble la bonne nourriture. Lis attentivement le chapitre qui suit sur les quatre aimants pour une vie excitendre... et concentre toute ton énergie sur ces nourritures. La bienveillance, la confiance, la joie (et l'humour !), la paix, la compassion... et un érotisme complice seront tes ingrédients pour nourrir ton couple... et ta famille. L'amour est bien la cible qui te remet dans ton axe, c'est ta priorité absolue !

7e clé : **Donnez du sens.** L'amour est ton gouvernail dans chaque instant de la vie. Cependant, si ton couple devient harmonieux et que, tout de même, tu te posais la question : *"et alors... ? Est-ce là tout ?".* C'est peut-être que vous avez besoin de faire vibrer cet amour à l'unisson dans un (ou des) projet(s) qui vont donner du sens à votre union. Ton union et ta vie ne se bornent pas à vivre un "bon couple", à éduquer tes enfants correctement ou à t'épanouir sexuellement. Ton union est aussi le symbole d'une invitation à vous développer vers des dimensions plus larges : sociales, humanitaires, spirituelles. Cette étape n'est pas nécessaire à tous les couples et pour certains, la famille et une vie harmonieuse suffiront amplement. Mais si, malgré cela, une sorte de lassitude, de doute ou de questionnement t'envahit, franchis cette nouvelle étape... en respectant que l'autre ne soit pas forcément dans la même dynamique. Mais chacun doit pouvoir honorer le rêve de l'autre, le comprendre et l'accompagner avec ses propres limites clairement identifiées.

Lorsqu'un couple possède ce sentiment d'un sens partagé, les conflits sont mieux gérés et il y a beaucoup moins de situations de blocage. Plus vous serez en accord sur les valeurs fondamentales qui fondent votre vie, plus votre vie de couple sera aisée à accomplir.

Chapitre 6.

> "Don Juan a 1003 amantes, car ce nombre montre justement qu'elles n'ont aucune valeur. Aussi devrait-on être économe du mot aimer. Il est unique et aucun n'est plus sacré."
>
> Sören Kierkegaard

> "Pourquoi faudrait-il aimer rarement pour aimer beaucoup ?"
>
> Albert Camus

POUR UNE VIE EXCITENDRE

Accompagné par votre entraîneur de vie, vous avez parcouru les attentions relationnelles qui vous ont permis de découvrir concrètement le rôle du corps dans l'échange, l'importance des émotions pour redevenir "le maître dans la maison", l'impact essentiel des mots et de votre positionnement ajusté avec l'autre ainsi que la capacité à vous pacifier par une meilleure gestion des situations sources de violence relationnelle. L'éclairage particulier sur la relation de couple vous a permis de mesurer l'enjeu et la beauté de ce chemin d'accomplissement. Ce parcours vous a demandé probablement pas mal de remises en cause et de nouvelles attentions relationnelles. Être clair avec autrui n'est donc pas donné d'emblée mais chaque pas dans ce sens est un véritable cadeau, source de joie et d'apaisement.

Ce dernier chapitre vous proposera enfin d'accéder à une vie tout à la fois excitante et tendre.

L'amour se meurt parfois sans le "piquant", l'aiguillon des stimulations positives. La tendresse est l'ambassadrice au quotidien de l'amour. Mais vous verrez que derrière cette première façon d'être motivante, des valeurs nourrissantes, ainsi que des comportements et des émotions positives vont très vite "s'aimanter" pour votre plus grand bonheur !

RIRE ET PLEURER : les spasmes du vivant

Jacques Martin, le célèbre animateur du dimanche après-midi, nous a tous fait rire ou pleurer en présentant son école des fans. Un jour, un petit garçon sérieux s'est présenté pour chanter ce qu'il avait si bien appris chez lui sous le regard attendri de ses parents. Tout à coup, dès le premier refrain, ses yeux se sont mouillés et les premiers spasmes de pleurs ont donné un caractère dramatique à la situation, tout le monde s'est inquiété. Jacques Martin a demandé au garçon ce qui lui arrivait. Celui-ci s'est redressé alors, a regardé l'animateur en face et a dit entre deux hoquets : *"Je pleure parce que je suis content d'être ici !".* Nous avons vu alors la moitié de la salle rire et l'autre moitié pleurer ! Ceci illustre parfaitement l'ambiguïté de l'expression de nos états d'âmes. **Rire et pleurer sont les spasmes du vivant, ils nous libèrent d'une tension**. Les répressifs retiennent en permanence ce trouble salutaire car ce serait reconnaître leur sensibilité en face de l'autre et cela détruirait la belle image de la personne forte.

Dans les catastrophes récentes que nous avons connues, tous les accompagnants des chocs post-traumatiques notaient l'importance de faire resurgir ce qui était contenu. Enfermés, ces larmes ou rires salutaires peuvent blesser l'intérieur (acidité, toxines et processus de refoulement). De la même manière, dans un événement joyeux, certains croient qu'il faut encore "se tenir" et ne pas laisser éclater sa joie. Rire et pleurer sont une manière d'échapper à ses angoisses parfois même de les guérir.

De tous les animaux, seuls les primates savent rire. Profitons de ce beau cadeau ! À un tel niveau d'intellectualisation, c'est sans doute la seule chose qui nous permette de ne pas trop nous prendre au sérieux et de nous maintenir en bonne santé. C'est là un gage de relations bien vivantes.

"Alors, pleurer de rire, de plaisir ou de chagrin, cela nous libère de la spirale infernale des angoisses et de la dépression", selon le Docteur Lowen. Il est plus facile de s'exprimer, de mettre en mots après avoir relâché toutes ses tensions. La relation est humanisée. Pleurer est considéré comme apaisant par 85% des femmes et 73% des hommes[1]. **Dans les larmes notre psychisme s'exprime et se régule**. Un bébé privé de toute affection continue de crier... mais cesse totalement de pleurer ! Pour ne plus assécher vos relations, laissez circuler ce qui abreuve votre vie.

Tarir tes larmes, c'est perdre espoir.
Jaillir tes larmes, c'est bien voir
ton eau de vie.

Parfois, c'est la goutte qui fait déborder le vase, vous êtes équipé d'un "trop plein", alors accueillez avec reconnaissance, ce que la nature vous a offert. Mais soyez sincère avec cela car vos larmes peuvent aussi manipuler l'autre. Quand vous pleurez, est-ce le fond de votre être qui s'exprime courageusement ou est-ce la victime en vous qui attire l'autre en eaux troubles ? Votre sincérité vous mènera vers une relation plus claire et excitendre.

Le rire, qu'il soit de joie, de gêne ou de souffrance tend aussi par ces différentes manifestations à réguler tout notre être.

---

1. Étude de William Fray, 1985.

En quelques secondes, le rire ébranle tout notre corps de la tête aux pieds. Il exerce et détend la plupart de nos muscles y compris le cœur ainsi que nos artères et nos poumons. Le cerveau libère des endorphines (morphine naturelle) aux propriétés anti-douleurs et calmantes. Les vibrations et massages exercés sur toute la face libèrent les pressions dans la tête, les mâchoires, le front... Cela nous fait baver et pleurer puis frissonner, bailler, signe que notre système nerveux se régule. Les artères se dilatent et laissent une sensation de bien-être. Les poumons en surpression rejettent à 100 km/h d'énormes quantités d'air, c'est le meilleur des exercices respiratoires. Le diaphragme, fortement sollicité, opère un massage complet des organes qui reprennent de la vitalité et de la mobilité (intestins, foie, vésicule biliaire...). Le ventre redevient pendant un moment extrêmement vivant et ceci est essentiel. Nous savons aujourd'hui[1] que nous avons là notre deuxième cerveau, siège de l'immunité et croisement de flux circulatoires importants. Parfois, les sphincters se détendent tellement que l'on peut en "pisser de rire" ! Les jambes ne vous portent plus car les muscles se relâchent, vous êtes alors... plié de rire, pendant que vos orteils s'agitent frénétiquement !

Enfin, selon de Dr Rubinstein, spécialiste du système nerveux, le rire fait baisser l'hypertension et favorise la digestion et le sommeil.

Le rieur dit explosif est quasi rejeté en arrière et libère sa poitrine, ne regardant plus la personne ou l'objet qui le fait gondoler ainsi ! Le fou rire se manifeste par des rougeurs, des accélérations cardiaques et des sueurs jusqu'à faire suffoquer. Ces rires extrêmes peuvent être parfois dangereux. On peut être

1. Selon les travaux de Michael Gershon, médecin et professeur au département d'anatomie et biologie cellulaire à l'université Columbia de New-York.

"mort de rire" au sens propre tel ce spectateur décédé en 1998, foudroyé par son propre rire en regardant le film, *Un poisson nommé Wanda*, du groupe Monty Python. Résultat, le nombre d'entrées du film a augmenté grâce à cet événement tragique. Mais revenons à la puissance du rire salutaire. Le rire permet de prendre de la distance par rapport à soi-même et à ses problèmes. Même l'angoisse de la mort a son contre-poison avec l'humour noir. C'est un instrument thérapeutique merveilleux : *"Les joyeux guérissent toujours"* affirmait Rabelais. Ce qui est sûr, c'est que le processus de guérison est toujours stimulé et comme le rire est une expression communicative, les relations se rétablissent. Ainsi une équipe de clowns new-yorkais s'occupe depuis 1986 d'enfants hospitalisés. 25 faux médecins mais vrais comiques travaillent dans neuf hôpitaux avec des résultats identiques : les enfants rient, imitent, s'expriment et stimulent leur système immunitaire pendant que les parents, soulagés, entrent eux-mêmes dans le jeu et ne font plus peser leur inquiétude. **Le rire permet de rendre plus humain les moments désespérés**. La pratique de l'humour est un des entraînements relationnels les plus intéressants. Nous y reviendrons dans le troisième guide sur la créativité.

Boris Cyrulnik[1], quant à lui, nous propose une explication étonnante : *"Le sourire du nourrisson est directement lié à l'hormone de croissance. Face à ce premier sourire, la mère va tout faire pour qu'il se produise. En stimulant son enfant, elle stimule en fait l'hormone de croissance !"*. Effectivement, les enfants privés d'amour maternel dans les premiers mois souffrent de nanisme affectif : ils sont petits avec des membres grêles. Selon Boris Cyrulnik, *"leur sourire n'ayant trouvé aucun écho, ils ont stoppé leur développement"*.

1. Boris Cyrulnik enseigne l'éthologie humaine, auteur de plusieurs ouvrages sur la place de l'humain dans le vivant.

Au départ proche des larmes, le rire est un des premiers fruits de la relation mère-bébé. Maintenu en isolation relationnelle, le bébé, comme nous l'avons vu, s'arrête de pleurer mais aussi de rire.

Grâce au rire, les jeux ritualisés se mettent en place (chatouilles, "la bébête qui monte...", l'avion qui monte et qui descend). Ils font passer le jeune enfant de la passivité à l'activité, il répond et entre en relation.

22e attention relationnelle : **RETROUVER VOTRE RIRE ET JOUER**

Je n'insisterai jamais assez sur cette importance du jeu comme facteur de construction et de stimulation des potentiels à venir. Un adulte qui ne joue plus et qui devient trop sérieux risque d'être contaminé par un "nanisme évolutif" ! Au-delà de la plaisanterie, **le jeu, le rire et l'humour sont de fabuleux moyens de croissance personnelle et relationnelle... pour une vie excitendre !** Le rire crée du plaisir, rapproche les membres d'un groupe et permet de maîtriser mieux les angoisses.

Soyons curieux de ce que nous propose maintenant notre entraîneur de vie :

Tu connais ces deux-là :
Le pessimiste : tout va très mal,
Ça ne peut pas être pire !
L'optimiste : mais si, mais si !

Alors, voilà un entraînement, qui pratiqué trois minutes chaque matin, va réveiller ta bonne humeur, ta santé et par voie de conséquence donnera envie aux autres de s'approcher de toi, en te percevant aussi rayonnant !

Exercice : **Sous ta douche** (endroit privilégié et intime où on ne rend de comptes à personne... et puis il faut bien se mouiller un peu dans cette histoire !) commence à te "bidonner" en te concentrant sur ton ventre avec un rire profond en faisant de gros "oh ! oh ! oh !", tu as le droit ! Massage garanti pour aller aux toilettes avant de partir au travail (n'est-ce pas ?). Ensuite passe ton rire-exercice dans la poitrine avec des : ah ! ah ! ah ! Oui, je suis sérieux, c'est excellent pour ton cœur que tu peux même avoir "sur la main" en bougeant celles-ci en même temps. Passe alors dans ta gorge pour nettoyer ce qui t'est resté en travers avec le son : éh ! éh ! éh ! Tu te sens bête ? Alors tu es sur la bonne piste... Continue, cela t'éclaircira la voix pour la journée. Maintenant, perds la tête un peu en concentrant ton rire au niveau du front qui s'obstine à garder tes soucis en mémoire. Le son : ih ! ih ! ih !, t'aidera à être encore plus ridicule, ce qui est pour toi, bien sûr, le but recherché ! Enfin, tu devrais être à la phase où tu peux facilement rire de toi-même en te reliant à "ton" rire, l'unique, le tien, celui qui te secoue des pieds à la tête sans pour cela t'épuiser. Laisse couler les larmes (c'est vrai que c'est désespérant de te voir dans cet état-là !) et laisse-toi contaminer par cet éclat de vie que tu as provoqué. Calme-toi (toute la famille est arrivée dans la salle de bain), étire-toi et... n'oublie pas de sortir dignement de cette situation. Il n'y a que toi qui sais à quel point tu as fait la révolution dans tous tes processus biochimiques, va expliquer ça ?!

Cette hygiène de vie est puissante. De temps en temps dans la journée, revisualisez-vous en train de rire dans votre cabine de douche, gardez bien votre sourire et votre humour, c'est un trésor d'humanité. Des relations excitendres sont d'ailleurs pleines de rires, de larmes, d'excitation et de tendresse. Ne perdez pas une occasion de rire en bonne compagnie ou de faire rire vos proches. Oui, oui, ça s'éduque et ça vaut le coup ! Osez... Osez au risque de. Le plus grand risque serait de rester morose !

Traçons ensemble la carte du tendre.
Il est si doux de s'entendre.
Voici l'es-sens de l'Amour.

23e attention relationnelle : **SE LAISSER FONDRE PAR LA DOUCEUR DE LA TENDRESSE**

Si la tendresse est la sensibilité de l'amour, sa poésie, elle en est aussi une de ses pierres fondatrices. Elle suppose le don et l'accueil ainsi qu'un haut niveau d'attention et de douceur.

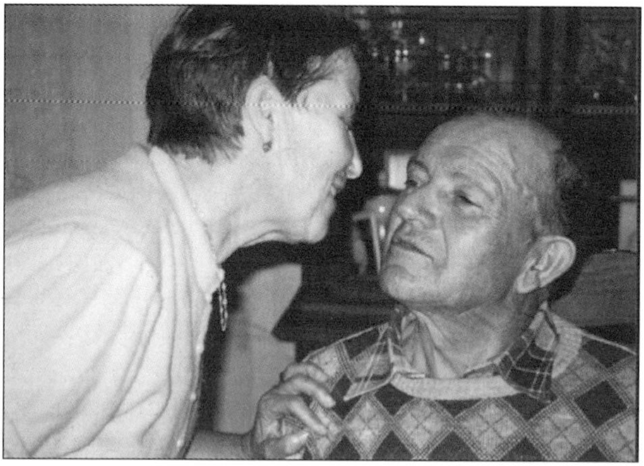

La tendresse se cultive par l'éveil de tous nos sens.

C'est une qualité de regard qui ouvre l'autre à sa propre beauté d'être. Le regard du tendre a lâché prise de ce côté métallique et froid du pouvoir exercé sur l'autre. Ce regard-là informe et limite l'autre, alors que l'œil humidifié par la chaleur du cœur ouvre la compassion et rend libre.

C'est une profonde écoute qui laisse résonner l'accord cristallin d'une vraie rencontre. Prêter l'oreille du cœur, c'est discerner avec délicatesse ce qui est derrière le verbiage pour entendre le verbe, ce qui est touché dans l'être au cœur du corps.

C'est un goût particulier dont la saveur aux multiples arômes reste en mémoire à tout jamais. Goûter la présence de l'autre tendrement permet de savourer réellement le cadeau offert par l'Amour. C'est un "présent" que nos papilles intérieures alchimisent en bonheur.

C'est un parfum aux effluves uniques qui font respirer ma vie. Lorsque je sens bien l'autre, que je me sens bien avec, je parfume tout mon être de sa présence et si les "notes de fond" s'accordent avec l'autre, ce sera certainement là un gage d'amour profond et durable.

C'est une caresse légère comme la brise qui inonde profondément ma peau jusqu'au frémissement, douceur veloutée qui entre en affinité. Lorsque je suis touché par l'autre, le frisson de l'amour secoue tout mon être. J'ai l'autre dans la peau. Les amants sont de véritables aimants qui sont dans l'impossibilité de résister à la force d'attraction mutuelle.

C'est une perpétuelle poésie qui sublime le langage utilitaire, quotidien, en espace magique et merveilleux. C'est une nourriture que les perles du poème a-riment dans l'océan amoureux. Un mot peut faire briller à nouveau un regard qui s'était perdu, il exprimera alors sa plénitude, sa source, il sera profondément transformant.

Agresser ou "tendresser" est toujours un choix conscient et un courage relationnel à exercer. Cela engage notre sensibilité, une qualité difficile à assumer de nos jours.

Homme, je te propose un exercice qui va t'offrir un changement profond vers la tendresse.

Ressens profondément le regard que tu poses sur les femmes quand tu les croises dans la rue. D'abord reconnais ton attitude de prédateur... et transforme ta flèche... en coupe ! Cherche en toi cet endroit de tendresse qui ouvrira le magnifique regard de cette femme qui sortira de ses défenses. Sans cible, tu ouvres la relation. La flèche du pouvoir se transformera en puissance naturelle d'attraction. La douceur pourra alors te rencontrer sans peur. Change de regard... et vois enfin le "jamais vu".

LA SENSUALITÉ

"L'amour est un produit du contact, il est né du contact."

J. Nadel

La sensualité est un espace d'expression merveilleux pour révéler notre tendresse. Tous nos sens sont en présence dans la rencontre avec l'autre. Insistons sur l'importance majeure du toucher dans la relation. Le Docteur Laurent Misery, chercheur à l'INSERM, nous confirme qu'entre le système nerveux et les cellules cutanées, il existe un langage commun : les neuromédiateurs. Plus récemment, les recherches ont démontré le lien peau-système nerveux et système immunitaire. Les cellules nerveuses touchent fréquemment et en plusieurs endroits les cellules immunitaires de la peau, cette dernière renseigne le cerveau de son état : chaud, froid, douleur, plaisir ou atteinte pathologique. Inversement, sous l'effet d'un stress, la décharge d'influx nerveux partant du cerveau est telle qu'elle se traduit par une production déséquilibrée de neuromédiateurs, faisant ainsi réagir les cellules de la peau. L'adrénaline se met à monter alors que la sérotonine baisse, signe d'un véritable orage entre peau, système nerveux et immunitaire avec risque de déséquilibre et symptôme localisé. Dermites, eczémas, dermatites atopiques, psoriasis, prurit ou pelade... autant de signes qui doivent nous faire poser la question fondamentale : **Est-ce que je prends vraiment soin de mes relations et quel niveau de sensualité ai-je développé dans ma vie ?** D'autres recherches effectuées par des médecins américains affirment qu'il nous faudrait vivre dix étreintes par jour pour maintenir notre système immunitaire en bonne santé ! Au lieu de cela, nous sommes déjà en train de mettre au point des antidépresseurs en crème et en lotion pour restaurer localement l'équilibre des neuromédiateurs.

Les dermatoses donnent "à voir" une souffrance affective profonde. Une thérapie sera souvent nécessaire pour renaître d'abord à soi-même. Ensuite l'éveil de la sensualité et du contact seront une des plus puissantes armes pour nous réconcilier au quotidien et recevoir les bienfaits de l'amour.

L'isolement tactile menace chacun d'entre nous et n'est pas sans conséquence sur nos comportements et notre santé. Chez les nouveau-nés prématurés, une sensualité quotidienne par des caresses réduira considérablement leur temps d'hospitalisation, tout en améliorant leur coordination motrice et leur attention. **Le fait de toucher, être touché, augmente considérablement notre équilibre physique et psychique** mais permet aussi une meilleure cohésion sociale. Aux États-Unis où les tensions, voire les violences, sont exacerbées, les hommes ne se touchent pas plus d'une fois en l'espace de trente minutes dans un café. À Paris, dans la même situation, ils peuvent se toucher jusqu'à cent fois ![1] Que ce soit chez les autistes en rupture apparente de relation ou chez les personnes atteintes d'une maladie d'Alzheimer, les caresses ont à chaque fois réveillé la vie et l'autonomie grâce aux soins attentifs d'accompagnants remarquables[1]. Les deux mètres carrés de peau, qui nous relient au monde extérieur, ne comptent pas moins de cinq millions de cellules sensorielles. Chaque sensation correspond à un message humain fondamental.

Avec votre entraîneur de vie, prenez le temps de vous réapproprier ces qualités sensuelles.

24e attention relationnelle : **SE RELIER PAR LE TOUCHER**

1re proposition : **Élève ton plaisir en même temps que ton système immunitaire**. Retrouve la bonne sensation de l'étreinte avec les personnes que tu apprécies. Mais ceci en goûtant vraiment avec tous tes sens cet acte plein de bon sens !

En une année, multiplie de deux à cinq le nombre de tes contacts-étreintes et constate si ton niveau de santé et de bonheur se sont améliorés.

2e proposition : **Initie-toi à l'art du toucher ou du massage** et éprouve toi-même les effets extraordinaires d'un massage complet aux huiles essentielles, donné par un bon praticien. Tu peux masser ton enfant le soir, comme un rituel avant d'aller au lit. Pour ta compagne, deux fois par semaine peuvent suffire pour détendre la relation. La caresse a tendance à réveiller et à exciter, les pressions plus fortes et douces à relâcher les tensions. Expérimente avec un dialogue attentif et non exigeant.

1. *Travaux issus de l'institut de recherche sur le toucher, Université de Miami.*

3e proposition : **Joue au cool-contact** avec tes enfants et ta compagne. Jouer la bagarre, jouer les câlins, jouer avec un bandeau sur les yeux, etc. être inventif. Jouer, c'est tenir en éveil ton énergie d'enfant qui fait toujours partie de toi. Dans le domaine de la sensualité ne t'applique pas, ne te prends pas au sérieux... sois attentif et relié à tes sensations dans un climat détendu.

ÉROTISME, SEXUALITÉ ET DÉSIR OU POURQUOI LE PLAISIR NOUS VA SI BIEN !?

L'érotisme est l'intime de l'amour. L'art s'en est souvent fait le témoin. C'est un terrain sur lequel nous flirtons sans cesse avec les limites du sacré et des tabous culturels. Il nous a été donné de nous incarner et de prendre soin d'un corps habité de plaisir et de souffrance. Être vivant, c'est assumer ce double mouvement, le voir profondément pour mieux orienter notre attention... notre intention.

Toute clarté relationnelle exige le face-à-face avec l'éros. Depuis 1974, la santé sexuelle fait officiellement partie des recommandations de l'OMS (Organisation Mondiale de la Santé), nécessaires à un individu pour "parvenir à un épanouissement, à communiquer, à aimer". En ce sens, les orientations récentes du Ministère de l'Éducation Nationale montrent à quel point ce thème devient une priorité. En effet, à force de confusion et d'ambiguïté, de nombreux jeunes en manque de repères perpétuent la violence relationnelle et sexuelle entre eux (harcèlement, viols, perversions), si bien que le gouvernement remet en cause les simples cours d'éducation sexuelle ne parlant que de sexe "organobiologique".

Redonner le sens du respect et de l'âme au sexe est essentiel. Selon un sondage réalisé par l'IFOP en mai 2001, les jeunes sont ainsi 30% à trouver la sexualité parfois répugnante et 54% à la trouver frustrante.

Essayons de nous y retrouver car la littérature sur ce sujet est elle-même très contradictoire et ambiguë. Tout d'abord, retenons que la sexualité a une fonction génétique et une dimension sacrée, en ce sens qu'elle donne la vie. "*Mais, pour l'être humain,* comme l'exprime Boris Cyrulnik, *ce moyen est un véritable luxe par rapport aux autres procédés existant dans la nature, beaucoup plus fiables et rapides (hermaphrodisme, scission cellulaire, etc.). Pourquoi, alors, ce mode de reproduction ? Parce que la sexualité assure des manières différentes, plus riches, de développement du vivant. Elle participe à la construction de l'identité de l'homme et de la femme".* Longtemps le corps de la femme a appartenu à l'Etat, à la communauté (faire des garçons qui deviendront des soldats). **La libération et l'évolution des mœurs ont dissocié plaisir et reproduction, faisant émerger la partie affective dans le couple**. Le devoir de reproduire et la terreur de tomber enceinte laissent place à l'appropriation du désir et du plaisir. Les rôles sexués évoluent : "*Au Moyen-Âge, un homme impuissant était jugé sur la place publique. En Russie les hommes tricotaient, c'était considéré comme une activité virile !*". Boris Cyrulnik conclut : "*Les cultures passent leur temps à évoluer, faute de quoi elles se pétrifient ou s'effondrent. Ce n'est ni bien, ni mal, c'est ainsi !*".

Aujourd'hui, c'est comme si tout se côtoyait avec tous ses extrêmes. Le monde du pornographique gagne la publicité : Rocco Siffredi, associé à d'excellents chocolats lors d'un spot télévisé, attise la confusion des genres et des plaisirs. Le porno-chic et cher (chair) se dévoile dans les rendez-vous à la mode et les salons littéraires donnant ainsi ses lettres de noblesse au trafic des sens et justifiant, modélisant la commercialisation des corps. Ceci ne peut bien sûr qu'alimenter les points de vue intégristes qui se barricadent derrière la barrière de leur propre souffrance, de leurs propres manques. Clamant toujours le mal, l'exorcisant mais perpétuant d'autres types de violences, ils démontrent que le déni du plaisir s'avère tout aussi dangereux que son excès.

Une troisième position relève d'un imaginaire et d'un espoir du troisième type. En effet, voici la merveilleuse Amélie Poulain sublimant tout cela, faisant craquer les foules avec sa tendresse, son goût des autres et son désir d'amour, tout simplement. Idéal de cinéma ? Oui !

Aussi nous faut-il assumer le fait : tout ceci nous habite en même temps et il nous reste, jour après jour, à comprendre, à inventer et à vivre le désir.

Mais quel désir ? Les auteurs divergent sur l'option à retenir quant à son véritable sens étymologique. Dérivé du latin *de-side-rium*, il est interprété par l'anthropologue Malek Chebel comme "le coucher d'un astre" ou le "regret d'une chose que l'on n'a plus" mettant ainsi en valeur le manque lié au désir. Christian Jambet, religieux spécialiste de l'islam, considère ce mot sous l'angle de "perdre son étoile", son "orient intérieur" exprimant ainsi le danger de suivre le désir qui m'éloignerait de la source, de ma vraie étoile : le divin. Le psychanalyste et écrivain Michel Cazenave quant à lui choisit résolument ce sens positif qui désignerait le désir comme *"cette chute de l'étoile qui nous guide dans la vie au plus fort de la nuit"* annonçant ainsi la capacité à entrevoir cette percée de la vie, cet éclat de lumière au fond de nos ténèbres.

Mais comment, justement, orienter cette source de vie, retrouver son orient dans nos actes et se clarifier avec nos manques ?

Laissons donc l'entraîneur de vie guider la réflexion.

25e attention relationnelle :
CLARIFIER VOTRE DÉSIR POUR MIEUX VOUS "AIMANTER"

Cesse de te justifier dans la confusion des genres et commence par distinguer tes désirs de tes besoins.

Tes désirs tirent souvent leur énergie de tes besoins.

Tes besoins (manger, boire, dormir, te reproduire, te sécuriser...) ont un aspect incontestable. **Ton besoin est lié à la nature, il est nécessaire et biologique. Alors que ton désir se rapproche de ta culture**, il est plus insaisissable, imaginaire, te fait fantasmer, il s'appuie parfois sur une fascination qui ne fait pas partie de ton monde réel ou habituel. Ton désir relève ainsi de ta liberté, de ta conscience, il te fait te dépasser mais peut aussi te perdre. Il veut t'en faire rejoindre un autre. Lorsque tu es au sommet enflammé de ton désir, tu bascules dans la passion. Là est l'expérience la plus ardente, là est le risque le plus fort de perdre ton étoile.

Pose-toi maintenant ces trois questions sur ta relation au désir :

- Ton désir est-il un mouvement **vers l'autre** ? Ta tension est-elle une offrande ?
- Ton désir est-il un mouvement **sur l'autre** ? Ta tension est-elle castratrice ?
- Ton désir est-il un désir **du désir de l'autre** ? Ta tension est-elle captatrice ?

Apprends à discerner et être plus conscient de la liberté qui t'est donnée sur chacun de tes désirs.

Vois en face la peur qui pourrait nourrir dans l'ombre les deux dernières tensions.

Quel type de désir exerces-tu en ce moment sur la personne aimée ?

L'amour et le désir peuvent s'accoler mais vous pouvez les vivre séparément, voire même faire le deuil de vos désirs, en réorientant votre amour. Cette sublimation est un chemin difficile dont le piège est le refoulement. Toutes les traditions s'y emploient avec plus ou moins de bonheur car vous êtes faits aussi de chair et le nier représente un orgueil supplémentaire.

Accéder à la pureté divine est certainement possible pour certains êtres mais ne vous racontez pas d'histoires, soyez honnête avec vous-même : réconciliez plutôt la chair-désir avec ce sens du mystère.

L'Amour évoque la stabilité, la permanence et la profondeur, alors que le désir est mobilité, immédiateté et légèreté. Comment passer de cette contradiction à tenir les deux ensembles comme les deux facettes indissociables de chaque être humain : le masculin et le féminin. **Ne pas opposer mais relier et enrichir les différences.**

Nous voyons donc à quel point il est essentiel d'enlever toute confusion dans les différents registres de la relation à l'autre. La clarté réciproque permet la venue d'un érotisme et d'une légèreté qui donneront le côté pétillant d'une vie excitendre.

L'érotisme est donc un amour de cœur et s'attise au manque qui est le compagnon fidèle du désir. Les couples qui s'éloignent régulièrement ont tendance à mieux maintenir le désir vivant. Les retrouvailles stimulent à nouveau l'érotisme.

Au fait, est-ce vraiment bon pour notre santé globale et qu'en disent les biologistes ?

L'érotisme est une manière d'être en présence de l'éros, cette énergie produite par le désir et qui envahit chacune de nos cellules. Attention à la confusion avec les comportements dits pornographiques, issus d'une tension pulsionnelle et compulsive sous le froid battement d'un cœur à la recherche de son âme. L'immédiateté prime dans ce cas sur le goût du rythme ajusté à l'autre et la consommation du désir crée de la frustration génératrice de violence. Mais la frontière est floue et propre à chaque couple. À un moment précis de son histoire de vie, il peut être salutaire de faire l'expérience de la "bête" en soi. Tel ce couple uni depuis quinze ans qui avait perdu toute libido. Un retour à la nature dans un parc canadien leur fit faire une spectaculaire expérience. Au bout d'une semaine à se tourner autour, telles les parades animales, l'homme prit tout à coup sa "femme" avec une sorte d'instinct sauvage qui le dépassait. Sa partenaire se mit alors à recevoir ce qu'elle appela une *"immense jouissance qui inonda tout mon être"*. Ceci dura une quinzaine de jours où l'énergie vitale de l'amour se déversait dans les corps oubliés depuis trop longtemps.

Ce couple retrouvait l'essence de l'éros, cette énergie de vie qui mariée au lâcher-prise crée la "grande" jouissance. En cela, chaque couple, sans se perdre dans l'amour "porneïos", doit être créatif et oser certains lâcher-prises, afin de garder le contact à la pulsion de vie de l'amour éros.

L'organisation mondiale de la santé a raison, l'érotisme améliore l'état de notre cœur et de nos artères à condition de prendre son temps et d'aboutir à l'orgasme. Pendant la phase d'excitation le cortisol libéré par les surrénales agit sur la mobilisation du cœur et de la tension artérielle. Cette montée en puissance est équilibrée par la sécrétion de testostérone issue des testicules chez l'homme ou des surrénales chez la femme. Cette sécrétion arrive plus tardivement au cours du rapport érotique, c'est-à-dire pendant la montée du plaisir. Imprégné de cette hormone, l'organisme va tonifier les muscles et le cœur pour mieux gérer la pression artérielle. À ce stade, nous pouvons dire que les "coïts" rapides et sans âme peuvent être dangereux pour le cœur et vécus comme une pression intérieure. Le cortisol pendant ce temps incite l'organisme à brûler du tissu organique pour produire l'énergie qui servira à l'orgasme. Mais, corollaire insidieux, en même temps une quantité massive de radicaux libres (éléments qui favorisent le vieillissement cellulaire) sera produit. Dans son intelligence propre, l'organisme au plus fort de son plaisir va produire l'antidote : la mélatonine capable de neutraliser les radicaux libres. Si nous arrêtons de faire l'amour au mauvais moment, il semblerait que l'organisme ne soit donc pas au bout de son processus d'équilibre et de bienfaits.

La mélatonine choisit en effet le moment de sa libération seulement lorsqu'on atteint l'orgasme. Comme c'est également l'hormone du sommeil, elle nous incite naturellement à une phase de repos juste après la jouissance. Ces éléments, tout à fait concrets et relevant de l'intelligence biologique, peuvent nous inciter d'autant plus à **vivre le temps de l'amour, non pas comme une compétition mais comme un moment essentiel, le temps du chemin entre la tendresse et l'orgasme, vision "excitendre" de l'érotisme**.

ce qui est un véritable problème dans les lieux religieux. Il doit faire le passage symbolique et transcender ses énergies pour tendre de tout son être vers la seule énergie divine féminine : Marie... et se donner corps et âme à elle". J'ai compris ce jour-là, comment l'être pouvait passer d'une attitude humaine à un état sublimé et effectivement, j'ai rencontré là des êtres bien-portants, bien-vivants qui avaient fait le passage. Mais beaucoup d'autres non ! Accepter d'être humain, c'est aussi rejoindre sa parcelle divine... au-delà des religions puisque le seul but ultime est l'amour.

Revenons donc dans notre vie excitendre au quotidien et acceptons qu'au niveau de l'humain le plaisir et l'érotisme puissent aussi être un support de relations ajustées, de santé, de bonheur... et de longévité ! Il aura fallu dix ans d'investigation (étude britannique MFI) pour pouvoir révéler que les hommes de plus de 45 ans ayant une bonne relation au plaisir érotique, avec au moins deux orgasmes par semaine, avaient une longévité deux fois plus grande que les autres ! À suivre !

L'Amour est ton orient, ton étoile qui
brille dans les ténèbres et attise ton désir.
L'érotisme au service de l'amour mène à
des relations joyeuses et apaisées.
La joie mène à la plénitude,
la pacification à la sérénité.
Ces qualités " divines " doivent te guider pour te
déculpabiliser et oser lâcher prise.

Les expériences malheureuses dans le domaine de l'érotisme sont fréquentes. Aussi, apprends à donner des limites claires, à te positionner sereinement le plus tôt possible dans la relation, à vérifier que tes intentions sont en phase avec tes valeurs. Reste à traverser ta culpabilité pour oser lâcher prise, donner ou recevoir. **Surtout ne te compare pas, ne te juge pas en fonction de ce qu'il faudrait ou des modèles imposés**. Trouve ton rythme, sans vouloir réussir à tout prix, mais exerce ta patience car tu auras toujours des bénéfices secondaires (ton confort personnel, tes propres modèles, la sécurité...) pour revenir aux anciens comportements. Plus tu vivras des bonnes choses... plus tu en attireras... plus tu en produiras, cette croyance est bonne pour toi. **Oser une vie excitendre t'ouvrira à la pétillance relationnelle, confronte-toi à la vie et cesse d'avoir peur.** Le risque existe mais les risques de rester sans rien faire t'éloignent encore plus de la vie et peuvent être encore plus difficiles à vivre à long terme.

Ma première décision pour faire pétiller mes relations dans la tendresse et l'érotisme :

LES QUATRE "AIMANTS" : la paix, la joie, la confiance et l'attention bienveillante

La nouvelle découverte de ces dix dernières années est que **les états d'esprit peuvent affecter la force du système immunitaire** et la robustesse du système cardio-vasculaire. Avant d'aboutir aux grandes qualités d'un être aimant et en bonne santé, regardons ensemble, à la lueur des dernières découvertes, l'influence de nos attitudes toxiques. Cet impact se mesure par l'augmentation ou la chute du nombre de cellules immunitaires. 20% de perte d'efficacité compromet déjà notre bonne résistance aux germes et à une bonne récupération. Au-dessus de ce pourcentage, le système immunitaire est suffisamment endommagé pour déclarer des maladies de plus en plus graves. Le système immunitaire est considéré aujourd'hui comme "l'esprit propre au corps", une identité intérieure qui agirait comme le système "éthique du corps". Un bon nombre de Centres universitaires et de recherches, ainsi que de nombreux scientifiques, comme vous le constaterez, sont aujourd'hui très actifs pour affirmer concrètement, avec les bons protocoles, ce que les grandes traditions ont toujours avancé : nos émotions, nos états d'esprit affectent la vie... et la mort. Soyons donc un peu plus lucides et mesurons bien l'enjeu d'une vie plus excitendre ! Les quatre qualités positives que nous aborderons sont comme des aimants, elles attirent et produisent des situations d'amour.

Le comportement colérique a été largement observé par le Docteur John Baretoot de l'université de Caroline du Nord. La colère est salutaire à dose homéopathique et parfaitement ajustée. Mais l'état colérique est réellement toxique. Des tests ont été effectués sur des personnes présentant des symptômes de maladies de cœur. On leur demanda, par exemple, avec quelle fréquence elles criaient après leurs enfants. On trouva la plus forte quantité d'oblitérations artérielles dans le groupe le plus colérique. Le Docteur Redford Williams, lui, étudia un groupe de 2000 ouvriers d'usine à qui l'on avait fait passer, près de vingt cinq ans plus tôt des tests qui mesuraient leur taux d'agressivité. Les résultats furent stupéfiants : **si l'on est chroniquement colérique, on est une fois et demie plus exposé à la mort**, en déclarant des maladies cardiaques et cancers notamment.

Il semblerait également que les "colériques" meurent jeunes : le Dr Williams reproduisit la même méthode sur 200 étudiants classés dans les années 50, selon leur degré d'agressivité chronique. 20 ans plus tard, 16 des étudiants à la plus forte agressivité étaient décédés... et la plupart avant l'âge de cinquante ans !

Le Dr Williams prouva par la suite que la colère chronique semble provoquer une mort précoce et lui trouva trois caractéristiques intéressantes :

- l'attitude de cynisme qui dénigre l'autre gratuitement,
- la suspicion hostile qui mène au sentiment de colère par la peur d'être sans cesse menacé,
- la "plainte impatiente" qui mine intérieurement la personne négative.

Étonnant, nous retrouvons-là les toxiques que nous évoquions chez les couples qui ne durent pas.

Nous pouvons également apprendre qu'un taux de testostérone supérieur à la moyenne est très souvent trouvé chez ces personnes. Un réglage fin hormonal peut aider tout en sachant que nos "états d'esprits" peuvent eux aussi agir sur notre équilibre hormonal.

Le sentiment de tristesse, d'apitoiement sur soi et l'état dépressif ont également des conséquences importantes pour notre santé physique et relationnelle. Chez des femmes atteintes d'un cancer du sein, les plus déprimées étaient celles qui affichaient le taux le plus bas de lymphocytes "tueurs". **Une personne heureuse relationnellement aura beaucoup de mal à développer des tumeurs**. Des personnes âgées, isolées de leur famille et hospitalisées pour une fracture de la hanche avaient trois fois plus de chance de remarcher et **neuf fois plus de chances de recouvrer leur niveau de santé si elles ne cédaient pas à la mélancolie par rapport aux patients qui s'apitoyaient sur leurs sorts et**

s'isolaient encore plus des autres. L'isolement relationnel vécu dans un état dépressif semble influer sur la réparation osseuse et la récupération fonctionnelle, selon ces études de la faculté de médecine du Mont Sinaï à New-York.

L'anxiété et le stress, l'agitation et l'inquiétude sont aussi des "états d'esprits" qui lèsent notre identité intérieure et donc nos capacités relationnelles.

On étudia par exemple le cas de personnes, vivant près du réacteur nucléaire à Three Mile Island, qui étaient sur la défensive car les prélèvements sanguins montrèrent un taux de lymphocytes T et B défenseurs de notre intégrité, beaucoup moins élevés. La peur et l'inquiétude, même non reconnues, avaient eu un impact sur leur système immunitaire, alors que les analyses se montrèrent plus équilibrées dans les habitations un peu plus éloignées.

Les meilleures données viennent d'un travail effectué en Angleterre dans l'unité spéciale de recherche sur les rhumes : 50% des personnes soumises à des stimuli stressants au moment de l'exposition au virus contractèrent le rhume. L'autre moitié avait un système immunitaire d'origine fort. En baissant le seuil de stress, 25% seulement se retrouvaient malades.

> En conclusion, ces recherches semblent confirmer que, comparé à la moyenne, les individus qui tendent à être plus qu'habituellement hostiles ou en colère chronique, très anxieux, tristes, pessimistes ou tendus, doublent le risque de contracter une maladie grave, notamment de l'asthme, des maux de tête chroniques, des ulcères à l'estomac, des maladies de cœur et de l'arthrite.

Nous garderons pour la fin un état d'esprit négatif extrêmement intéressant et que nous rencontrons de plus en plus fréquemment sur le terrain de l'entreprise. Nous parlons ici de **la répression et du déni**.

Gary Schwartz et ses collègues de Harvard ont fait des recherches sur les muscles faciaux reliés aux émotions et en particulier celui du souci au centre du front. Il se tend lorsque vous êtes soucieux, ennuyé, agacé et stressé. Une électrode est utilisée pour détecter le niveau de tension. **Des personnes en tension musculaire élevée déclarèrent qu'ils se sentaient bien et sans problèmes** ! Combien de fois, avons-nous rencontré cela ! Quand leur cas fut étudié, il apparut qu'ils refusaient ce qui se produisait réellement dans leurs corps. Mais, vous le savez maintenant, on ne peut pas tricher longtemps avec la vie ! Pour eux, il fallait tenir bon, ils étaient dans une illusion et dans une surtension, une survolonté qui niaient toute sensibilité risquant de les remettre en cause. Après des tests sur la tension corporelle, sachant que de manière générale les personnes disent être tendues parce qu'elles sentent leurs corps sous tension, celles en "répression" ont prétendu être tout à fait bien, alors que leurs corps exprimaient concrètement le contraire. Ces sujets dans le déni déclarent en général des pathologies à retardement et continuent à être "très sincères dans l'erreur".

Les "aimants" : que se passe-t-il dans les états d'esprit sains et générateurs de relations détendues et constructives ? Nous savons déjà que l'état de calme influe sur le nombre de cellules T et B chez les étudiants passant des examens. À l'université de l'état de l'Ohio, plus les étudiants méditaient et se relaxaient, plus leurs organismes étaient capables de surmonter les épreuves. Dans certains états, aux États-Unis, a été remarqué qu'il suffisait que 10% de la population médite en paix pour constater une chute significative des agressions dans la ville concernée. **Un petit pourcentage d'états d'esprit positifs peut largement influencer une "sensibilité collective"**. Cela devrait d'ailleurs paraître évident, puisque l'on sait si bien que l'inverse est vrai !

Dans le cas de l'optimisme, c'est un état d'esprit positif, un point de vue, lié à la manière dont on se représente les mauvais aspects de la vie et comment on les explique. Cela évite de devenir répressif ou dépressif face aux revers. Si vous échouez dans une relation, vous pouvez dire que c'est à cause de votre (de son) sale caractère. Vous vous exprimez par rapport à quelque chose de fixe, un trait permanent de vous-même, c'est le réflexe négatif, source d'une vie problématique. D'autres pourront exprimer le fait que ce fut une bonne expérience et qu'ils savent mieux ce qu'ils ne veulent plus, ils réorienteront leur énergie vers une attitude plus vigilante (et non méfiante). Ils travailleront peut-être sur eux-mêmes, afin d'évoluer positivement dans leur manière d'être en relation et se diront "vivement la prochaine rencontre !". **Ils expliqueront donc leur mésaventure du point de vue d'une situation en constante évolution.**

En 1940, on classa des étudiants de Harvard en optimistes et pessimistes d'après des textes où ils expliquaient des événements de leurs vies. Trente ans plus tard, on constata qu'à partir de la quarantaine les pessimistes avaient nettement plus de maladies graves et de problèmes de relation que les étudiants à point de vue optimiste. Mesurez bien l'enjeu et nourrissez votre motivation à améliorer votre état d'esprit actuel ! La paix et la joie sont deux merveilleux compagnons de route pour aimer et être aimé.

Allons plus loin et regardons ensemble **l'importance de la joie dans nos relations et notre santé**. Un état d'esprit positif est déjà un bon "terreau" pour nourrir ce mouvement vivifiant. Être joyeux permet d'augmenter réellement le nombre de nos cellules immunitaires combattantes. Une étude concerna un groupe de 36 femmes ayant eu un cancer du sein avec métastases. Sept ans après, vingt-quatre étaient décédées. Des recherches approfondies montrèrent que la seule différence émotionnelle entre celles qui survivaient et celles qui étaient mortes, était un sentiment de joie dans la vie ! Alors, comme nous l'avons vu au début de ce chapitre, commencez déjà à vous intéresser au rire gratuit et à rendre vos relations joyeuses !

La confiance quant à elle est un sentiment de stabilité intérieure capable de maîtriser (mais pas de contrôler) souplement les événements de la vie. C'est la plus belle assurance-vie que vous puissiez vous donner. La confiance réciproque est d'ailleurs le véritable ciment d'un couple qui dure et qui s'accomplit. Les personnes qui ont des métiers difficilement "maîtrisables" sur le plan relationnel, tels les chauffeurs de bus, les formateurs ou les instituteurs... ont environ trois fois plus de problèmes de tension artérielle (hypo ou hyper) que ceux qui exercent davantage de maîtrise sur leur environnement tel un ouvrier spécialisé, un employé de bureau ou un paysagiste. Il nous faut noter cependant qu'aujourd'hui le degré d'incertitude est ressenti de plus en plus dans tous les domaines. Notre société du toujours plus vite, plus fort et plus rentable crée des relations hypertendues... puis hypotendues. Les hôtes des maisons de santé ou de retraite ressentent souvent qu'ils n'ont aucune maîtrise sur la gestion de leur quotidien, strictement régie par les "responsables" de l'établissement. Leur niveau de confiance en eux-mêmes et aux autres baissant, leur intégrité immunitaire cède du terrain. Des psychologues ont convaincu le personnel d'une maison de retraite de laisser un groupe de personnes âgées avoir plus de responsabilité sur des décisions telles que la nourriture ou les heures de visites. On donna également à chacun une plante à soigner. Un an plus tard, ce groupe enregistrait deux fois moins de décès que ceux qui avaient "démissionné" intérieurement.

Le dernier état d'esprit influant directement sur notre bonheur personnel et relationnel concerne l'attention bienveillante, amicale et tendre. Cette façon d'être a un puissant impact sur nos liens sociaux, c'est-à-dire à quel point un individu dispose d'amis ou de gens lui procurant du soutien émotionnel.

Dans les recherches déjà citées sur les étudiants, les plus isolés relationnellement avaient le plus faible taux de cellules tueuses (défense immunitaire) au cours de l'examen. Chez les femmes souffrant d'un cancer du sein, celles qui avaient le plus de soutien amical présentaient 30% de plus de cellules tueuses. Des chercheurs de l'université de Californie passèrent chez 5000 habitants d'une grande ville pour les interroger sur le nombre de leurs amis, comment ils participaient à la communauté, aux associations, aux réunions publiques et autres rencontres amicales. Neuf années plus tard, les chercheurs furent stupéfaits de constater l'importance de ce sentiment d'appartenance. Les gens qui avaient fort peu d'amis enregistraient deux fois plus de décès que ceux qui en avaient beaucoup ! Énormément d'études ont mis en évidence le lien entre le contact humain et les taux de mortalité. **Des gens en difficulté placés dans des groupes de soutiens amicaux et bienveillants ont plus de chance de se relever et de**

guérir. Le Dr David Spiegel de l'université de Stanford fit une des meilleures démonstrations à ce sujet avec des patients atteints de cancer à un stade avancé. Un groupe suivait le traitement habituel. L'autre groupe pouvait se joindre une fois par semaine pendant un an à des séances où les sentiments, émotions et vécus pouvaient s'échanger. Beaucoup d'empathie, d'amitié et de tendresse reliaient ces personnes. Sur dix années d'expériences, on valida le fait que le taux de mortalité était deux fois supérieur dans le groupe recevant un traitement médical classique avec des relations "habituelles". Il semblerait également que des relations bienveillantes agissent sur le taux de cortisol, hormone libérée par le corps pour réagir au stress ou à la peur, qui endommage notre système immunitaire. Plus l'environnement est amical et riche relationnellement, plus le taux de cortisol émis est faible. **Même avec une alimentation riche causant des risques d'oblitération artérielle, une vie relationnelle de qualité permettrait une nette diminution de ces risques.** L'attitude amicale et bienveillante est une des clés relationnelles qui mène à l'amour.

La compassion et l'amour sont des états qui permettent de relever notre santé (même origine que le mot sainteté : la santé de l'être !) et le Dr David Mc Clelland à Harvard voulut le démontrer. Des personnes regardèrent un film sur les nazis en Allemagne, ce qui suscita de la colère et une baisse des cellules tueuses. Un autre groupe visionna un film émouvant de Mère Teresa et ils passèrent un moment à méditer sur l'amour et la compassion, en pensant également aux personnes qui avaient été bonnes avec eux.

Au fur et à mesure de l'expérience, le "soi" dans le corps, le système immunitaire se fortifiaient et le nombre de cellules T augmentaient progressivement.

Nous voyons là un véritable système relationnel interne à chaque individu, influencé par l'environnement extérieur d'une part (un geste compatissant par exemple) mais capable aussi de diffuser du plus profond de nous-même par notre paix, notre joie, notre confiance et notre bienveillance.

Le corps et ses processus sont les témoins de l'amour. Le corps est l'unique part de nos sens que notre âme peut percevoir. Aussi avons-nous montré à quel point des notions liées au mystère humain, tels les "quatre aimants", étaient incarnées, visibles, nous permettant ainsi un dialogue concret avec nous-même et avec les autres.

Toute ta vie relationnelle " excite " les relais de ton esprit : ton système nerveux et ton système immunitaire sont tes grands amis
car ils sont porteurs de ton identité intérieure et de ta santé-sainteté.
Cultive les quatre " aimants ", c'est la plus merveilleuse des ascèses !

Ami lecteur et disciple de la vie, être un "bien-vivant" suppose donc non seulement de mettre à jour tes états d'esprit négatifs qui peuvent être répressifs ou dépressifs mais encore de te réorienter clairement vers ce qui est bon pour toi. Tu as vu à quel point, tu pouvais être "très sincère dans l'erreur", chaque remise en cause est un acte de courage. Ton entraînement à la vie a déjà dû développer ce courage. Utilise-le maintenant avec une tendre excitation pour laisser infuser ou diffuser tes "aimants". Que risques-tu ? Comme l'exprimait si bien Nelson Mandela : *"Jouer petit... ne fait pas grandir !"* ... Ose !

L'humain va rarement à la rencontre du dauphin,
c'est le dauphin qui vient à sa rencontre.
Il teste au préalable sa qualité d'Etre,
sa "présence" relationnelle avant d'entrer dans la danse et
se livrer en toute confiance.

FINalité :

DE LA RENCONTRE À L'ATTENTION PARTAGEE

"L'amour n'a pas de valeur.
Il est la valeur elle-même."
Vladimir Jankélévitch

Et l'amour dans tout cela ?

Nous avons voulu décrire tout au long de cet ouvrage comment les qualités d'ajustement mutuel, de non-violence, de clarté relationnelle, de plaisir conscient, devenaient en eux-mêmes les témoins de l'Amour. Les quatre aimants que sont la paix, la joie, la confiance et l'attention bienveillante en sont l'expression visible. Si vous vous attelez très concrètement à œuvrer dans ces propositions de vie, l'entraîneur de vie vous aura alors accompagné naturellement... vers l'Amour !

Si l'amour reste idéal, poésie ou réflexion mentale, vous risquez de vous maintenir dans l'illusion ou le fantasme, voire le regret et la culpabilité.

Dans mes interventions en entreprise, je termine souvent en proposant une expérience relationnelle symbolique. Toutes les personnes d'une équipe se placent par deux, pieds contre pieds, en face-à-face, se tenant seulement par les mains entourant les poignets de l'autre. Si les deux se lâchent en arrière en même temps, en trouvant une position ajustée, elles se retrouvent en interdépendance et en soutien mutuel. Si l'une des deux raidit sa position ou relâche trop, c'est l'ensemble de la relation qui s'écroule. La confiance mutuelle se construit et il faut bien attendre un bon quart d'heure avant que les deux partenaires s'ajustent, en faisant le mouvement de descendre ou remonter ensemble. Cela exige une capacité à lâcher, donner, recevoir et... s'entendre sans se tendre !

Au final, c'est toute l'équipe qui structure une chaîne d'entraide et de coopération qui doit trouver son point d'harmonie. C'est un moment puissant où chaque élément de la chaîne est dans une attention partagée. Revenu dans la verticale, les yeux fermés, chacun se trouve en contact du coude de l'autre. Je demande alors : "*Pouvez-vous ressentir ce qui se passe quand une équipe sait se serrer les coudes ? Alors gardez bien en vous cet instant pour mieux vous entraider au quotidien !*". Le passage au soutien mutuel est le dernier obstacle à franchir dans nos cultures centrées sur l'épanouissement de l'individu et sur le confort matériel. Après avoir appris à communiquer (savoir mettre en commun) et à pacifier les tensions relationnelles, encore faut-il témoigner chaque jour de son "aimance". "*Chaque occasion est la meilleure des occasions*" rappelait sans cesse le vieux sage de la forêt noire, K.G. Dürckheim.

Illustrant bien cet état d'esprit, Mère Teresa raconte cette histoire qu'elle a vécue au côté des "pauvres" :

"*Une nuit, un homme vint nous trouver et me dit : Il y a une famille de huit enfants qui n'a pas mangé depuis huit jours. Prenant de la nourriture avec moi, j'allai les voir. Immédiatement, les visages de ces petits gamins défigurés par la faim me frappèrent. On ne pouvait y lire ni tristesse ni chagrin, mais seulement la profonde souffrance due à l'inanition. Alors que je donnais le riz à la mère, elle divisa le paquet en deux et se précipita, la moitié sous le bras, hors de chez elle. Quand elle revint, je lui demandai : où êtes-vous allée ? – Chez mes voisins, eux aussi ont faim, répondit-elle simplement. Je ne fus pas surprise par son don – y a-t-il en fait plus généreux que les pauvres ? J'étais étonnée qu'elle sût qu'ils étaient affamés."*[1]

Bien souvent, chez nous, lorsque nous souffrons, nous sommes si concentrés sur nous-même que nous n'avons guère de pensées pour les autres ? Il est urgent de tendre la main !...

Développe de l'attention
aux qualités de l'Amour.
Donne de la Présence
dans tes actes au quotidien.
Éprouve de la sensibilité pour respecter l'autre.
Alors Ose Aimer car c'est l'origine, la fin
et le recommencement de toute chose.

1. *Mère Teresa,* Il n'y a pas de plus grand amour, *éd. J.C. Lattès.*

REPÉRES BIBLIOGRAPHIQUES

Chapitre 1 et 2

- Les émotions, une intelligence à cultiver, Frances Wilks, éditions le Souffle d'Or.
- La force des émotions, François Lelord, Christophe André, éditions Odile Jacob.
- Que se passe-t-il en moi ? Mieux vivre ses émotions au quotidien, Isabelle Filliozat, éditions Marabout.
- L'intelligence du cœur, rudiments de grammaire émotionnelle, Editions JC Lattès.
- La synergologie, Philippe Turchet, les éditions de l'Homme.
- Petit traité de l'émotion, Denise Desjardins, éditions La Table Ronde.
- L'intelligence émotionnelle, comment transformer ses émotions en intelligence, Daniel Goleman, éditions Robert Laffont.
- L'expérience de la transcendance, KG Dürckheim, Sagesse du corps, éditions Cerf.

Chapitre 3

- Pour ne plus vivre sur la planète TAIRE, une méthode pour mieux communiquer, Jacques Salomé, éditions Albin Michel.
- C'est comme ça, ne discute pas ! ou les 36.000 meilleures façons de (ne pas) communiquer avec son enfant, éditions Albin Michel.
- Le jeu de la féminitude, Monique Grande, éditions Le Souffle d'Or.
- Cessez d'être gentil, soyez vrai ! Thomas d'Ansembourg, éditions de l'Homme.

Chapitre 4

- L'agressivité au quotidien, Christian Zaczyk, Bayard éditions.
- Savoir vivre ensemble, Charles Rojzman avec Sophie Pillods, Syros éditions.
- S'épanouir dans des relations non-dépendantes, Anne Wilson-Schaef, éditions Le Souffle d'Or.

- Relations et jeux de pouvoir, Jean-Jacques Crèvecœur, préface de Paule Salomon, Jouvence éditions.
- Sept lettres contre la mort, Yves Prigent, éditions Albin Michel.
- Vaincre la peur, dossier, itinérances, éditions Albin Michel.

Chapitre 5
- Inventer le couple, Philippe Brenot, éditions Odile Jacob.
- L'écologie du couple, Gérard Leleu, éditions Flammarion.
- "je t'aime" Tout sur la passion amoureuse, Francesco Alberoni, éditions Plon.
- Les hommes se transforment, l'homme lunaire, Paule Salomon, éditions Albin Michel.
- Les couples heureux ont leurs secrets, John M. Gottman et Nan Silver, éditions JC Lattès.
- Le couple en éveil, Jean-Jacques Crèvecœur et Ananou Thiran, éditions Equinoxe 21.
- Eloge du mariage, de l'engagement et autres folies, Christiane Singer, éditions Albin Michel.
- Mais tu ne m'avais jamais dit ça ! La communication intime dans le couple, Ajanta et Serge Vidal-Graf, Jouvence éditions.
- La célébration sexuelle, Ma Premo, M. Geet Ethier, le jour, éditeur.

Chapitre 6
- Contes à aimer, Contes à s'aimer, Jacques Salomé, éditions Albin Michel.
- Aimer... malgré tout, Jean-Yves Leloup, éditions Dervy.
- Pensées sur l'amour, André Comte-Sponville, éditions Albin Michel.

ADRESSES UTILES...

- **www.souffledor.fr**, le site des éditions Le Souffle d'Or, qui contient de nombreux liens.
- Association "Le Regard Fertile" BP 8, 84220 Roussillon en Provence, fondée par Jacques Salomé.
- Guide pratique des psychothérapies : démarches, techniques, fondateurs, annuaire. Edmond Marc, éditions Retz.
- **AFFOP** : Association Fédérative Française des Organismes de Psychothérapie, 38 rue de Turenne, Paris 3°. Tél. : 01 43 35 44 87
- **AFPSY** : Association Française de Psychanalyse, 19, rue Fabre-d'Eglantine, Paris 12°, Tél. : 01 43 46 75 26
- **AFTCC** : Association Française de Thérapie Comportementale et Cognitive, 100 rue de la Santé, 76674 Paris Cedex 14. E-mail : aftcc@wanadoo.fr.
- **AFFORTHECC** : Association Francophone de Formation et de Recherche en Thérapie Comportementale et Cognitive, 10, avenue Gantin, 74150 Rumilly, Tél. : 0 4 50 64 51 75, E-mail : afforthecc@aol.com
- **AIS** : Association Internationale de Somathérapie, 20 place des Halles, 67000 Strasbourg, Tél. 03 88 22 46 92, E-mail : SOMPSYMEY@aol.com, site : Hometown.aol.com/sompsymey
- **ATSF** : Association de Thérapie de Systèmes et de la famille, c/o Pierre Benghozi, 3, villa Croix-Nivert, Paris 15°, Tél. : 01 47 83 43 55.
- **CREER-FOCUSING** : Centre de Recherche pour l'Expérimentation et l'Expression Relationnelle/ FOCUSING, 1880, les Monts-Dessus, 73000 Bassens, Chambéry. Tél. : 04 79 75 02 77 E-mai : créer@netcourrier.com, site : www.focusing.org.
- **ECOLE DE PNL HUMANISTE** : 5 bis, rue Maurice-Desvallières, 77240 Seine-Port, Tél. : 01 64 41 95 98, E-mail : helene.Roubeix@wanadoo.fr
- FEDERATION FRANCAISE **PSYCHOSOMATO-THERAPEUTES,** et FEDERATION FRANCAISE DES **SEXO-THERAPEUTES**,4, passage Geffroy-Didelot, Paris 17°, Tél. : 01 43 87 63 42, E-mail : arrakis55@aol.com, site : Sexopsy.stcom.net.

- FEDERATION FRANCAISE DE **PSYCHOTHERAPIE** : 2 bis, rue Scheffer, 75116 Paris, Tél. : 01 44 05 95 50, E-mail : psychotherapie.ffdp@wanadoo.fr, site : www.psychotherapie.asso.fr
- **PSY'G** : GROUPEMENT SYNDICAL DES PRATICIENS DE LA PSYCHOLOGIE – PSYCHOTHERAPIE – PSYCHANALYSE, 3, rue du Grand-Marché, 78300 Poissy, Tél. : 01 30 74 44 18
- **IFAGP** :INSTITUT FRANÇAIS D'ANALYSE DE GROUPE ET DE PSYCHODRAME, 12, rue Emile-Deutsch-de-la-Meurthe, Paris 14°, Tél. : 01 45 88 23 22.
- INSTITUT FRANÇAIS DE **GESTALT-THERAPIE**, 87, cours d'Albret, 33000 Bordeaux, Tél. : 05 56 90 04 05, E-mail : gestalt-ifgt@gestalt-ifgt.com, site : www.gestalt-ifgt.com.
- **IFP :** INSTITUT FRANÇAIS DE PSYCHOSYNTHESE, 61, rue de la Verrerie, Paris 4°,Tél. : 01 42 78 24 45, E-mail : psychosynthese@free.fr, site : www.psychosynthese.org.
- **IPSO** : INSTITUT DE PSYCHOSOMATIQUE, hôpital de jour Poterne-des-Peupliers, 1 rue de la Poterne-des-Peupliers, Paris 13°, Tél. : 01 45 88 41 89 E-mail : hpm@ipso-paris.org.
- **SFG** : SOICETE FRANCAISE DE GESTALT, 21, rue Du Faubourg-Saint-Antoine, Paris 11°, Tél. : 01 43 07 78 00.
- **SFSC** : SOCIETE FRANCAISE DE SEXOLOGIE CLINIQUE, 32, avenue Carnot, Paris 17°, Tél. : 01 45 72 67 62.
- **SNPPsy** : SYNDICAT NATIONAL DES PRATICIENS EN PSYCHOTHERAPIE, 77, rue des Archives, Paris 3° , Tél. 01 44 54 32 00, site : www.snppsy.org.

COLLECTION "entraîneur de vie"
Un chemin vers la maturité et l'éveil.
Une éthique de l'autonomie et du respect mutuel.

Le prochain titre de la collection, **"Une créativité à toute épreuve"**, guide de l'intelligence créatrice, sera consacré :

- Aux sept sens qui libèrent notre liberté créative et notre intuition.
- Aux capacités insoupçonnés de nos "cerveaux" internes.
- À notre inventivité quotidienne pour sortir des répétitions.
- À notre humour et notre faculté de distanciation.
- À la naissance de notre chef-d'œuvre de vie.
- À des jeux et test d'intelligence créatrice.

Après le quotidien-bonheur et l'attention partagée, soyez assez fou pour développer votre intelligence… créatrice… et vous renouveler joyeusement !

Vous voulez approfondir vos connaissances et surtout vous entraîner concrètement à :

- Mobiliser vos ressources corporelles et votre confiance.
- Elever votre niveau de vitalité et de santé.
- Gagner en clarté relationnelle.
- Passer vers un niveau de maturité en accédant à l'Être par le silence et la présence.
- Entrer dans un vrai projet de vie et vous sentir enfin à votre place.

Jacques DECHANCE anime des stages, des formations certifiantes et coaching individuel. Il intervient régulièrement en entreprise (coaching – management).

S'adresser aux éditions Le Souffle d'Or pour tout renseignement, dont les contacts des formateurs certifiés par J. Dechance :

OSER DÉCIDER

Guide pour construire un quotidien bonheur

Vous aimeriez prendre des décisions facilement (et les bonnes de préférences !), oser prendre des risques, faire face aux pressions, agir avec lucidité... mais « ça ne marche pas comme vous l'auriez souhaité » !

Vous n'avez guère le temps de lire, mais vous auriez besoin d'un support cohérent pour progresser. Ce guide vous tend la main !

Avec l'entraîneur de vie, décidez :

- de réussir : osez vos « prises de chance » !
- de prendre soin de vous : oser vous (faire) respecter !
- de vous simplifier la vie : osez le plaisir d'être !

Suivez la démarche progressive et dynamisante qu'il vous propose. Entraînez-vous à stimuler votre vitalité, nourrir votre santé, ajuster votre relation à l'argent, retrouver du temps et de l'espace, simplifier votre vie pour mieux en profiter.

Le premier guide de cette collection vous invite à bénéficier des réflexions et exercices pratiques issus de la longue expérience de Jacques Dechance. Ainsi vous retrouverez le goût de l'essentiel, et, forts de vos propres repères, vous choisirez le bon cap en toute aisance !

192 pages - **19,90 €**

par Achevé d'imprimer
en janvier 2002
IMPRIMERIE LIENHART
à Aubenas d'Ardèche

Dépôt légal janvier 2002
N° d'imprimeur : 3975
Printed in France